화畵 풀이 한자

화(畵)풀이 한자
– 원리가 쏙쏙 들어오는 그림 한자

ⓒ 2008 최현룡

초판 1쇄 인쇄일 | 2008년 2월 27일
초판 1쇄 발행일 | 2008년 3월 4일

발행처 | 지호출판사
발행인 | 장인용
출판등록 | 1995년 1월 4일
등록번호 | 제10-1087호
주소 | 경기도 고양시 일산동구 장항동 751번지 삼성라끄빌 1319호
전화 | 031-903-9350
팩시밀리 | 031-903-9969
이메일 | chihopub@yahoo.co.kr

표지 디자인 | 오필민
본문 디자인 | 이미연
편집 | 김희중
마케팅 | 윤규성

종이 | 대림지업
인쇄 | 대원인쇄
라미네이팅 | 영민사
제본 | 경문제책

ISBN 978-89-5909-035-8 (03700)

원리가 쏙쏙 들어오는 그림 한자

화畵풀이 한자

최현룡 지음

지호

한자漢字가 형상이나 의미를 그림으로 나타낸 기호에서 시작된 '그림문자'라는 사실은 이제 삼척동자라도 다 알고 있습니다. 하지만 요즘 쓰고 있는 한자를 보고서 과연 원래의 의미를 되짚어낼 수 있는 사람이 과연 얼마나 될까요? 한자는 참으로 다양한 글씨체로 발전해왔고 세월의 흐름에 따라 글자의 형태가 너무나도 많이 변했습니다. 그 결과 지금의 한자 모양으로는 원래의 의미를 짚어내기가 여간해선 쉽지 않습니다.

해서楷書라는 글자체가 있습니다. 楷모범 해는 가장 모범적인 모양이란 의미이니 해서楷書라고 하면 '가장 보기 좋은 글씨체'란 의미가 되겠지요. 사실 이 해서로 쓰인 글자들은 균형감과 예술성이 뛰어나서 보기에는 참 아름답습니다. 하지만 이렇게 보기 좋다는 장점에 못지않은 단점도 있습니다. 바로 이렇게 보기 좋은 모양으로 꾸미는 바람에 그 글자의 본래 내용과 의미가 사라져 버렸다는 것이지요.

지금 중국 본토에서 사용되고 있는 '간략하게 만든 한자', 즉 간체簡體와 일본에서 사용하고 있는 약자略字에도 또한 비슷한 단점이 있습니다.

원래의 한자가 너무 많은 획수로 이루어져 사람들이 배우기 쉽지 않다는 점을 보완하여 획수를 줄여서 만든 것이 바로 간체자簡體字입니다. 간체는 그 모양이 단순한 까닭에 글자를 익히기엔 용이하여 일단 중국의 문맹률을 많이 낮추는 데 큰 역할을 한 것은 사실입니다. 하지만 원래의 모양에서 너무나도 많은 부분을 줄인 결과, 이제 그 간체만을 보고 글자의 원래 의미를 찾아내기란 거의 불가능한 지경에 이르게 되었습니다. 그래서 요즘 들어서는 '번잡하다' 하여 번체자繁體字라고 부르는 '원래의 모양을 가지고 있는 한자'로 돌아가야 한다는 움직임이 일어나고 있다고 합니다.

일본에서 사용하는 약자略字의 경우도 다를 바 없습니다. 우리가 흔히 일본 글자라고 부르는 '가나'라는 글자는 자체가 한자의 모양에서 몇 획씩을 생략하여 만든 글자입니다. 그렇기 때문에 사용하는 한자의 변형 또한 당연한 일이었겠지요. 원래의 모양을 축약시켜 만든 일본의 약자略字 역시 원래의 의미와는 많이 멀어진 상태입니다.

옛 말에 독서백편의자현讀書百篇意自現이란 말이 있습니다. '어떤 글이든 백 번을 반복해서 읽다 보면 그 뜻이 저절로 드러난다'는 뜻입니다.

이 말은 『삼국지三國志』의 「동우전董遇傳」에서 나왔습니다. 동우董遇는 후한後漢 말기의 학자로 학문에만 열중한 것으로 알려져 있습니다. 깊은 학문을 갖고 있는 동우인지라 아무래도 글을 배우겠다고 찾아오는 이가 많게 마련이었겠지요. 하지만 그는 자신에게 글을 배우겠노라 찾아온 모든 이에게 '자신에게서 배우기보다 스스로 집에 앉아 전념하여 글을 읽고 또 읽다 보면 그 뜻을 자연히 알게 될 것'이라 하며 가르치기를 거절했다고 합니다.

이런 것이 과연 가능하다고 생각하십니까. 과연 어떤 글이든 그저 계속 읽기만 하면 그 안에 숨어 있는 의미를 알 수 있을까요? 저도 예전엔 이 말을 이해할 수가 없었습니다. 그저 옛사람이 후학들에게 '열심히 공부하라' 는 말을 달리 에둘러 표현한 말이라고 생각했을 뿐이었지요.

하지만 우연한 기회에 한자의 옛 형태 중 하나인 '전서篆書'로 된 글을 보다가 문득 글자의 의미를 그대로 나타내고 있는 한자를 보게 되었습니다. 그것은 바로 天하늘 천이었습니다. 별안간 이 글자가 팔을 벌리고 선 사람의 모양이 변한 大큰 대와 그 위에 넓게 펼쳐진 둥근 하늘의 모양이 압축된 一 하나 일로 이루어진 것임을 깨닫게 되었습니다. 이전까지는 天하늘 천을 일러 '하나(一)의 커다란 것(大)'이라든가, '세상에서 가장 큰(大) 하나(一)'라는 식의 풀이가 대부분이었습니다. 하지만 그렇게 '의미'를 가지고 푸는 방식이 아니라, 한자를 '그림'으로 보는 방식이 하늘 천(天)의 뜻을 훨씬 확연히 드러내고 있습니다.

이렇게 '모든 한자는 그림으로 이루어진 기호'임을 깨닫게 된 후부터 한자의 본래 의미를 알아내기 위한 여행을 본격적으로 시작했습니다. 그 결과 많은 글자의 모양에서 그 의미를 읽어내는 방법을 알게 되었습니다. 한자의 옛 형태로 갈수록 그 글자의 의미가 오롯이 남아 있다는 놀라운 사실도 깨닫게 되었지요. 현재 우리가 쓰는 형태로는 좀처럼 그 의미를 찾아내기 힘든 글자들이 그 전 단계, 또 그 전전 단계의 글자에서는 더욱더 큰소리로 제 뜻을 말하고 있었습니다. 동우라는 학자가 자신 있게 '어떤 글이든 백 번만 읽으면 그 의미를 알 수 있는 법'이라 확언을 할 수 있었던 것은 그가 살고 있던 후한 시대만 하더라도 한자 자체의 모습에 본래의 의미가 뚜렷이 나타나 있었기 때문이었을 것입니다.

시대의 흐름과 함께 한자의 형태도 많이 변하였고 새 문물의 발전에 따라 새로운 글자도 계속해서 만들어지고 있습니다. 하지만 기본적인 원리만 알게 된다면 누구라도 앞에서 이야기한 독서백편의자현讀書百篇意自現이란 경지에 이를 수 있을 것이라 감히 말씀드립니다.

혹시 이 책을 보고 혼자만의 편의성을 앞세운 자의적인 해석에 불과하다 할지도 모르겠습니다. 하지만 서울을 가는 길이 어찌 한 길 뿐이겠습니까. 이 거친 글 또한 다른 분들이 걸어갈 길에 작은 디딤돌 하나의 역할을 할 수 있기를 바랄 뿐입니다.

지호출판사 장인용 대표님 이하 주변분들 모두에게 깊은 감사의 말씀 올리며 송구한 마음과 떨리는 손으로 거친 생각 한 묶음 세상에 감히 내보냅니다. 모쪼록 늘 정진하시길.

과천 을목재乙木齋에서

최현룡崔賢龍 올림

차례

하나 일

어떤 물건이 한 개 있는 형상을 나타내기 위해 네모난 모양을 하나 그린 모습이 변한 것이다. 쓰기 쉽게 위와 아래를 납작하게 하다 보니 지금처럼 누워 있는 막대기 모양이 되었다.

숫자의 개념으로는 '하나, 한 개'라는 뜻이지만 아래의 예문처럼 사용될 때에는 '첫째, 모두, 같다' 등의 여러 가지 뜻을 갖기도 한다.

한자를 풀이할 때 명심해야 할 것은 아래에 있는 「글자의 뿌리」에 설명되

		예문
一等 일등	----	등급이나 무리에서 첫째 순위.
第一 제일	----	제일 여럿 중 으뜸.
一體 일체	----	일체 하나의 몸이란 뜻으로, '한 덩어리' 또는 '온통, 전부'.
一心 일심	----	한마음이란 의미로, 여러 사람들이 모두 한마음, 즉 같은 마음으로 일치하는 것.

어 있는 것과 같이 동일한 형태라고 해서 그것들이 나타내는 의미가 언제나 같지는 않다는 사실이다.

하나가 아닌 하나 一

一은 단독으로 사용될 때엔 '하나', 즉 '1, 한 개'를 나타내지만 다른 글자와 합쳐서 사용되는 一은 '하나'라는 의미뿐만 아니라 특정한 지역이나 일정한 물건 따위를 나타낸 기호가 변한 것으로 사용되는 경우가 있다.

지금처럼 원하는 모습을 그대로 나타낼 수 있는 붓이나 연필 같은 필기도구가 없었던 예전에는 어떤 기호나 그림을 적거나 새기는 일은 결코 쉽지 않았다. 주로 날카로운 도구를 이용하여 평평한 동물의 뼈나 딱딱한 나무에 새겨 넣거나 홈을 내는 것이 고작이었을 것이다. 게다가 '어떤 사물'이나 '특정한 지역'을 나타낼 때 사용하였을 둥근 모양의 경우엔 딱딱한 뼈나 나무 등에 새기기가 더욱 어려웠을 것임은 쉽게 짐작할 수 있다. 결국 둥근 형태는 자연스레 새기기 편하도록 몇 개의 직선으로 이루어진 모양, 즉 口입 구의 모양으로 변하게 되었고 다시 그 네모난 기호까지도 좀 더 새기기 편한 一의 모양으로 바뀌게 되었던 것으로 보인다.

이런 변화의 예로 天하늘 천이나 正바를 정, 그리고 仁어질 인을 들 수 있다. 팔다리를 벌리고 서 있는 사람(大)의 머리 위에 넓게 펼쳐진 '하늘'을 표현한 둥근 원이 위의 과정을 거쳐 一로 변한 것이 天이고, 사람이 걸어가는 발(止)과 그 발이 나아갈 '지역'을 그린 동그라미가 一로 변하여 만들어진 글자가 바로 正인 것이다. 仁의 경우는 사람(人)의 옆에 二두 이가 그려진 형태로 보이지만 사실은 두 개의 一로 봐야 옳다. 각각의 一은 '하늘'과 '땅'의 형태를 나타낸 것이 변한 기호이기 때문이다. 하늘(一)과 땅(一) 사이에 사는 사람(人)이 갖추고 행해야 할 마음가짐, 즉 도덕심을 의미하는 글자가 바로 仁인 것이다. 이렇게 예로 든 세 글자 이외에도 무수히 많은 글자에서 一의 모습이 나타나지만 뜻이 모두 '하나'인 것은 아니다.

물건의 개수가 두 개임을 표현하기 위해 한 개의 물건을 나타낸 一을 두 번 겹쳐 나타낸 글자이다. '두 개, 둘째, 다르다'란 의미로 넓게 사용한다.

예문

二等 ---- 무리나 등급에서 두 번째 순위.
이등

身土不二 ---- 사람의 몸과 그 사람이 태어난 땅은 둘이 아니라 하나라는 뜻. 그 사람이 태어
신토불이   나고 자란 땅에서 생산된 농산물이 그 사람의 체질에 가장 잘 맞는다는 것을
의미한다.

三
석 삼

二와 같은 경우로 각각의 물건을 나타낸 一을 연달아 세 번 그려서 '셋째, 세 개'라는 뜻을 나타낸 글자이다. 단순한 숫자를 나타내는 기능 이외에도 三을 사용하게 되면 '많다, 여러 번, 다수'라는 의미를 나타내는 경우도 간혹 볼 수 있다.

예문

三等
삼등 ---- 무리나 등급에서 세 번째 순위.

三角形
삼각형 --- 일직선상에 있지 않은 세 개의 점을 세 개의 직선으로 각각 연결하여 만든 도형. '세(三)' 개의 '모서리(角)'를 가진 형상(꼴)이란 뜻으로 '세모꼴'이라고도 한다.

三寒四溫
삼한사온 -- 사흘간 추웠다가 다음 나흘 동안은 따뜻해지는 날씨를 말한다. 일정한 간격을 두고 주기적으로 추웠다가 더웠다가 하는 겨울의 기후를 가리키는 말이다.

15

四
넷 사

처음에는 네 개 이상의 물건을 나타내기 위해 三에 한 줄을 더 그어서 네 줄로 표현했지만 서로 비슷한 형태이다 보니 3(三)과 4가 혼동이 되는 경우가 많았을 것이다. 따라서 4라는 내용을 가진 숫자를 효과적으로 표현하기 위해 여러 가지 노력이 뒤따랐을 것은 당연한 일. 그러한 노력의 결과로 나타난 형태가 바로 지금 사용되고 있는 四의 모양이라고 생각한다.

우선 어떤 물건을 단순하게 묘사한 모양—둥근 모양이나 네모난 모양—

예문

四方 ---- 동서남북의 네 방향이나 둘레의 모든 방향. 여러 곳이란 의미로도 사용된다.
사방

四角形 ---- 네 개의 직선으로 둘러싸인 평면 형태. 네 개의 모서리를 가진 형상(꼴)이란 뜻으로
사각형   네모꼴이라고도 하고, 네 개의 변을 가졌다 해서 사변형四邊形이라고도 한다.

四季節 ---- 봄, 여름, 가을, 겨울의 네 계절. '1년'을 의미하기도 한다.
사계절

을 그린 후, 왼쪽 위에서 오른쪽 아래로 한 번을 내리긋고, 다시 오른쪽 위에서 왼쪽 아래로 한 번, 이렇게 두 번을 그으면 물건이 네 개로 나뉘게 된다는 것을 표현한 모양이다. 서로 교차된 X자의 모양이 지금처럼 간단한 모양으로 변하였다. '넷, 네 개, 네 가지'라는 뜻으로 사용된다.

故事成語

朝三暮四조삼모사

四가 들어간 고사성어 중에 가장 유명한 것은 朝三暮四조삼모사일 것이다. 아침에 세 개, 저녁에 네 개라는 뜻인데 어리석은 사람이나 교활하게 남을 속이는 경우를 빗대어 쓰는 말이다.

춘추전국 시대에 송宋나라에 '저공'(狙公, 원숭이를 키우는 사람이란 뜻)이란 사람이 원숭이를 많이 기르고 있었는데, 먹이가 부족하게 되자 원숭이들을 불러 말했다. "사정이 너무 어려워 앞으로는 도토리를 아침에 세 개, 저녁에 네 개만 주어야겠구나." 그러자 원숭이들이 몹시 화를 내며 아침에 세 개를 먹고는 못 견딘다고 아우성쳤다. 그러자 저공이 얼른 꾀를 내어 다시 말했다. "너희들이 싫다면 아침에 네 개를 주고 저녁에 세 개를 주기로 하마." 그랬더니 먼저 네 개를 먹게 된 사실만 생각한 원숭이들이 아주 좋아했다고 한다.

눈앞에 우선 보이는 이익에만 신경을 쓸 뿐, 그 결과가 같다는 것을 모르는 원숭이들이나 간사한 꾀로 원숭이를 속인 저공이나 모두 바람직하지 않은 모습들이다.

그런데 최근 '아침에 세 개, 저녁에 네 개'를 의미하는 朝三暮四조삼모사보다 원숭이들이 선택한 '아침에 네 개, 저녁에 세 개', 즉 朝四暮三조사모삼이 훨씬 더 현명한 판단이라는 흥미로운 주장이 있다. 지금 백만 원과 1년 뒤의 백만 원 가운데 선택하라면 누구든 현재의 백만 원을 선택할 것이다. 은행에 넣어놓기만 해도 1년 뒤엔 백만 원에 이자가 몇만 원은 붙기 때문이다. 마찬가지로 지금 네 개의 도토리가 불확실한 저녁의 같은 도토리보다 가치 있다는 것이다.

　一, 二, 三 등 간단한 숫자를 나타내는 기호는 막대기를 개수에 맞춰 늘어 놓는 단순한 형태로 가능했지만 앞에서 살펴본 바와 같이 四에서부터는 상당한 이해력이 필요해졌다. 그러한 기호를 만든 당시에는 쉽게 이해가 되었겠지만 세월이 흐르면서 조금씩 형태가 변해 버린 지금에 와서 본래의 의미를 되짚기란 쉬운 일이 아니다. 하지만 오래된 문헌에서 표현된 이 숫자들의 형태를 추적해 본 결과 아주 놀라운 사실을 알게 되었다. 그것은

五官 오관	---- 다섯 가지의 감각. 즉 시각(눈), 후각(코), 청각(귀), 미각(혀), 촉각(피부).
五味 오미	---- 매운맛, 단맛, 짠맛, 쓴맛, 신맛의 다섯 가지 맛.
五方 오방	---- 다섯 방향. 동서남북의 사방四方에 가운데, 즉 중앙中央을 더한 것.

5부터 9까지를 나타낸 한자, 즉 五, 六, 七, 八, 九와 십진법의 기준이 되는 일정한 숫자, 즉 十열 십이 매우 관련이 깊다는 것이다. 이에 대한 설명은 각각의 글자를 풀이하면서 자세하게 하겠다.

五는 10의 절반을 나타내는 숫자이다. 옛 글자를 보면 十과 위와 아래에 하나씩 있는 一이 합쳐진 구성임을 알 수 있다. 여기서 위와 아래에 있는 一은 '각각의 덩어리'를 나타낸 것이다. 즉 十을 위와 아래, 즉 두 덩어리로 나눠 두었다는 의미로 十(10)의 반값인 '다섯 개, 다섯 번째'라는 뜻이 되는 것이다. 거기에 위와 아래를 가리키는 선이 붙으면서 지금과 같은 형태가 되었다.

故事成語

五十步百步오십보백보

옛날 중국의 전국시대에 양나라의 혜왕은 자신이 다른 나라 왕들보다 백성들을 잘 다스린다고 생각하고 있었다. 그렇지만 다른 사람들이 이를 알아주지 않는 것이 그는 불만스러웠다. 그때 양나라에 손님으로 와 있던 맹자가 혜왕에게 슬며시 이야기를 들려주었다. "싸움터에서 양쪽 군사가 맞붙어 싸움을 하려고 북을 울렸다고 합시다. 그런데 한 병사가 대단히 겁을 먹고, 갑옷을 벗어 던지며 도망을 쳤습니다. 그러다가 백 걸음쯤 가서 멈춰 섰습니다. 그리고 또 한 병사는 도망을 치다가 한 오십 걸음쯤 되는 데서 멈춰 섰습니다. 그리고는 백 걸음 도망친 병사를 보고, 비겁한 놈이라고 욕을 했다고 칩시다. 어떻습니까, 임금님?"

이야기에서 보듯 오십 걸음을 도망한 자가 백 걸음 도망한 자를 비웃는 것은 우스운 일이다. 조금의 차이는 있을지라도 결국 도망을 한 것은 같기 때문이다. 마찬가지로 조금의 차이는 있을지라도 백성을 잘못 다스리는 것은 마찬가지란 말이니, 이 말을 들은 혜왕은 아무 대꾸도 하지 못했다고 한다.

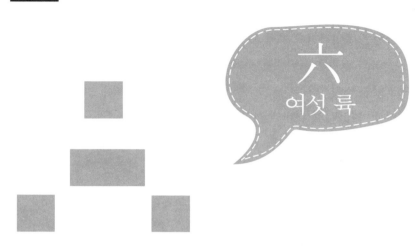

    다섯이 넘어가면서부터는 십진법의 기준이 되는 十열 십과 관련하여 표현
하게 된다는 것을 앞에서 설명하였다. 六부터는 十을 기준으로 모자라는 숫
자를 나타내는 형태가 된다.

    六의 모양을 자세히 보면 총 획수가 4획임을 알 수 있다. 즉 네 개의 구분
된 기호를 그려서 十에서 넷 만큼의 수량을 뺀 숫자, 즉 '10-4'를 나타낸 것

	예문

六感 육감	제육감第六感의 준말로, 사람이 일반적으로 감각하는 촉각, 미각, 시각, 청각, 후각 등의 오감五感 이외의 여섯 번째 감각을 말한다. 통상적으로 마음이나 느낌으로 사물에 깃들어 있는 신비한 부분을 파악해내는 기능을 의미한다.
六旬 육순	旬열흘 순이 열흘 혹은 10이란 뜻이니 예순 날(60일) 또는 예순 살(60세)을 의미한다.
六法 육법	헌법, 형법, 민법, 상법, 형사소송법, 민사소송법 등 여섯 가지 법률. 온갖 법령을 다 모아 수록한 종합법전을 가리켜 六法全書육법전서라 한다.

이다. 一, 二, 三 따위와 혼동되는 경우를 피하고 이해를 돕기 위해 방향을 각각 다르게 표현한 것으로 보인다. 기준이 되는 +의 형태는 처음에는 이 기호의 옆에 그려져 10-4라는 개념을 나타내고 있었을 테지만 시간이 흐르면서 자연스레 사라지고 '－4'를 나타내던 네 개의 점이나 막대만 남게 되었을 것이다. 이러한 과정을 거쳐서 '여섯'이란 의미를 나타내는 글자가 되었다.

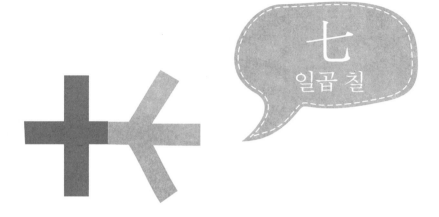

일곱 칠

七

七 역시 十열 십에서 셋을 뺀 모양, 즉 '10-3'을 나타낸 글자이다. 옛 글자를 보면 十열 십 옆 아래에 세 갈래로 꺾인 모양을 강조한 형태를 그린 것과, 十열 십 옆에 비슷한 기호를 세 개 각각 각도를 달리하여 적어 놓은 것, 이렇게 두 개의 모양이 함께 보인다. 두 그림 모두 十에서 세 개가 모자란 숫자, 즉 '7'을 표현한 기호인 것이다. 지금의 모양은 十 오른쪽에 각도를 달리해 세 개의 기호를 그려 놓은 형태에서 十을 나타낸 왼쪽 부분이 소멸되면서 오른쪽의 기호만 남게 되었고 그 모습이 변하여 왼쪽이 붙은 三석 삼 비슷한 모양으로 표현된 것이다.

예문

北斗七星 --- 북쪽 하늘에 떠 있는 일곱 개로 이루어진 국자 모양의 별자리.
북두칠성

七月七夕 --- 음력 칠월의 초이렛날의 밤. 견우와 직녀가 까마귀와 까치가 만든 오작교烏鵲橋에
칠월칠석　　서 일 년 만에 만난다는 전설이 있는 날.

八
여덟 팔

　이 글자 역시 十열 십에서 두 개가 모자란 숫자인 '여덟'이란 뜻을 나타내기 위해 만든 글자이다. 六의 경우와 마찬가지로 10-2라는 개념을 나타내기 위해 十열 십에서 빠진 두 개의 숫자, 즉 '-2'를, 두 개의 막대기를 세워놓은 모습으로 표현하였는데 시간이 흐르면서 十의 형태는 소멸하고 남은 두 개의 기호는 글자의 균형을 맞추기 위해 서로 비스듬히 마주 서 있는 모양으로 변하였다.

예문

二八靑春 ___ 여기서 이팔二八은 곱셈으로서 2×8=16, 즉 열여섯을 의미한다. 따라서 이팔청춘
이팔청춘 二八靑春은 열여섯 살 무렵의 젊은 사람을 가리킨다.

八方 ___ 동서남북의 사방四方과 북동, 북서, 남동, 남서의 사우四隅를 합친 여덟 방위를 나
팔방 타내어 이곳저곳, 즉 모든 방면을 가리킨다.

八方美人 ___ 어느 모로 보나 아름다운 사람이란 뜻으로 여러 방면에 모두 능통한 사람.
팔방미인

중국 사람들이 가장 좋아하는 숫자, 八

八여덟 팔은 중국인이 가장 좋아하는 숫자이다. 그 이유는 八의 중국어 발음(pa, 빠)이 '돈을 벌다, 재산을 모으다'라는 뜻의 發財발재란 단어의 發발의 발음(fa, 화)과 비슷하기 때문이다. 중국 사람들은 전화번호나 차의 번호에 8자가 많이 들어간 것을 웃돈을 내면서까지 갖고 싶어 한다. 결혼식도 8월 8일에 몰리는 것은 물론 유명 호텔의 전화번호는 대부분 8이 여러 개 섞여 있다.

九 역시 十열십에서 하나가 부족하다는 의미를 나타내기 위해 하나를 나타낸 모양을 세워 十의 오른쪽에 그린 것이다. 이 경우 다른 숫자처럼 十의 모양이 사라지게 되면 '-1'을 의미하는 한 획의 기호만으로는 본래의 의미가 전달되기 어려웠던 까닭에 十의 모양과 '-1'을 나타낸 기호가 결합된, 지금의 형태로 굳어지게 되었다. 이 九라는 숫자는 '많다, 여러 개, 여러 번'이라는 의미를 나타내기도 한다.

예문

九折坂 구절판	구절판 찬합에 담은 음식. 모두 여덟 개로 나뉜 바깥의 칸마다 각각의 음식을 담고 그 가운데 둥근 모양의 칸에는 그것들을 싸 먹을 수 있는 밀전병을 담아놓은 것.
十中八九 십중팔구	'열 개 중 여덟 개 내지는 아홉 개'라는 의미. 즉 '거의 모두'라는 뜻을 나타내는 말.

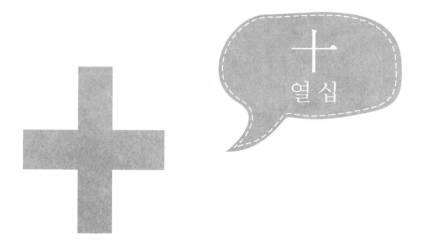

十
열 십

십진법의 기본 단위인 10을 나타내기 위해 숫자라는 의미를 나타내는 ─
한 일에다가 마감을 의미하는 세로줄을 하나 내리그은 기호이다. '열 개, 10,
전체, 많다'라는 뜻을 나타낸다. 사람의 손가락, 발가락이 각각 열 개이므로
자연스레 '완전함'이란 의미도 갖게 되었다. 이렇게 세로 선을 한 줄로 내리
그은 것이 10이고, 선을 두 개 내리그어 20을, 세 개를 내리그어 30을 표현
한 경우도 있다.

		예문
十進法 십진법	---	숫자를 세는 방법의 한 가지. 0, 1, 2, 3, 4, 5, 6, 7, 8, 9 다음은 한 자리 올려 10으로 적고, 10이 두 개면 20이라 하고, 세 개면 30, 이런 방법으로 열 개(10)씩 모임에 따라 한 자리씩 올려서 세는 방법.
十五夜 십오야	---	음력 팔월 보름날 밤.

011 ● 大·0

大
큰 대

    몸과 머리가 균형 있게 자란 성인成人이 팔을 벌리고 선 모습을 나타낸 글자이다. 子아들 자나 兒아이 이는 몸에 비해 머리가 큰 아직 덜 자란 모습이지만, 大는 나이가 들면서 팔 다리와 몸통, 그리고 머리까지 몸 전체가 균형감 있게 변했다. '사람, 어른, 크다'란 뜻을 나타낸다.

예문

大人 대인	---	큰 사람이란 뜻으로 '어른, 성인'을 가리킨다.
巨大 거대	---	엄청나게 큰 형상.
大將 대장	---	국군의 직급 중 별 네 개의 높은 장군. 별이 다섯 개면 원수元帥라고 한다.
大學校 대학교	---	초등학교, 중학교, 고등학교보다 높은 학교의 단위.

27

韓
나라 한

　획수가 많다 보니 복잡하게 보이지만 하나씩 떼어서 살펴보면 의외로 간단한 구조이다. 우선, 왼쪽의 글자는 卓높을 탁이 변한 것이다. 이 卓높을 탁은 하늘 높이 날아다니는 새를 잡기 위해 만든 그물 달린 장대의 모양을 나타낸 글자로, '높다, 뛰어나다'라는 의미를 갖고 있다. 그리고 오른쪽에 있는 韋다룸가죽 위는 특정한 공간, 즉 사람들이 살고 있는 나라를 의미하는 사각형(囗)과 그 아래와 위에 각각 하나씩 일정한 지역을 순찰하고 있는 두 개의 발을 그린 모양으로, 자신의 나라를 지킬 수 있는 강력한 힘과 세력을 갖춘 국가를 나타낸다. 즉 韋다룸가죽 위는 '(자신들의 땅을) 지키는 것'을 나타

예문

韓國
한국
--- 大韓民國대한민국의 줄임말로 바로 우리나라를 가리킨다.

韓服
한복
--- 우리나라의 고유한 옷.

낸다.

'땅을 지킨다'라는 의미를 나타낸 韋와 '뛰어나다'라는 의미를 가진 卓, 이 두 글자의 의미를 합쳐보면 '자신들의 땅을 아주 잘, 뛰어나게, 지킨다'라는 의미가 된다. 즉 이 글자는 자신들 땅을 아주 잘 지켜내고 있는 나라를 나타내는 것이다. 오래전 중국 땅에 있던 작은 나라의 이름으로 쓰였던 글자지만 지금은 우리나라를 가리킬 때 사용한다.

지금까지 韓나라 한의 왼쪽에 있는 글자는 '해(日)를 떠받들고 있는 위와 아래의 손(두 개의 十)'을 그린 모습이라는 풀이가 정설로 여겨졌다. 하지만 실제로 해를 숭상하는 모양이라면 대부분의 한자에서 나타나듯 두 손이 모두 아래에서 떠받치고 있어야 할 것이다. 아직까지 다른 어디에서도 저렇게 아래와 위로 두 개의 팔이 나뉜 과정이나 이유에 대해서는 납득할 만한 풀이를 찾지 못했다.

　옛 글자를 보면 날카로운 도구로 눈을 찔린 사람을 그린 것으로, 전쟁에서 진 포로로 이루어진 노예들을 나타낸 글자이다. 노예가 된 포로들은 승자의 명령에 순순히 따르지 않고 끊임없이 저항하기 마련이다. 그래서 노동력은 남겨 놓되 전투력만 없애려 노예의 한쪽 눈을 상하게 하여 거리감각을 잃도록 했다. 처음엔 '포로, 노예'란 뜻이었지만 그들의 수가 많아지자 점차 '백성, 국민'이란 뜻을 갖게 되었다.

예문

國民 국민	---	한 나라의 통치권 아래에서 그 나라를 구성하고 있는 사람. 그 나라의 국적을 가지고 있는 사람.
民族 민족	---	동일한 지역 공간에서 오랫동안 공동생활을 하여 언어나 풍습 등을 함께 공유하는 한겨레.
市民 시민	---	일정한 지역의 단위인 시市에서 살며 그 시를 구성하는 사람.
民間 민간	---	관청이나 군대 등 공적 기관에 속하지 않은 사람이나 그 집단.

  이 글자 역시 보기에는 복잡해도 그 구성 요소들을 살펴보면 단순한 몇 개의 의미들이 합쳐진 것에 불과하다. 옛 글자는 사람들이 살고 있는 지역을 표현한 짧은 선으로 둘러싸인 작은 공간과, 그 옆에 그 영토를 지키는 무력을 의미하는 무기인 戈_{창 과}를 그린 모양이다. 시간이 흐르면서 이러한 작은 집단들이 점점 합쳐졌고 큰 지역을 차지하게 되었다. 그 경계를 표시하기 위해 큰 테두리를 네모의 형태로 둘러놓은 것이 지금의 글자이다. 한마디로 설명하자면, 무기(戈)를 들고 사람들이 지켜내야 할 땅(口)들이 합쳐진 큰 지역(口)이라는 뜻이다.

예문

國語 국어	--- 한 나라에서 사용되고 있는 언어. 자기 나라의 말.
國民 국민	--- 한 나라의 통치권 아래에서 그 나라를 구성하고 있는 사람. 그 나라의 국적_{國籍}을 가지고 있는 사람.
國家 국가	--- 일정한 영토와 그곳에 사는 주민들로 이루어져, 주권에 의한 통치 조직을 가지고 있는 사회 집단. 나라.

女
여자 녀

다소곳이 꿇어앉아 손을 재게 놀려 일하고 있는 여자의 모습을 나타낸 글자이다. 옛날에는 주로 남자들이 바깥에 나가 열심히 사냥을 하거나 농사를 짓는 행위를 통해 힘을 쓰는 일을 했고 여자들은 집에서 음식을 하거나 아이를 기르거나 옷을 만들거나 하는 일을 했다는 것을 알 수 있다.

그러나 이 글자가 들어 있다고 모두 '여자'와 관련이 있는 것은 아니다. 이 모양이 무릎을 꿇고 있는 사람들을 나타내는 경우도 있기 때문이다. 이런 경우에는 '노예, 죄인'을 종종 나타낸다.

예문

長女 장녀	--- 형제들 중에 제일 먼저 태어난 딸. 맏딸이라고도 한다.
男女 남녀	--- 남자와 여자를 함께 부르는 말.
女性 여성	--- 여자 중에서도 특히 성인成人이 된 여자.

女가 원래의 뜻과 다르게 사용된 글자들

女라는 글자가 들어 있는 한자는 아주 많다. 그러나 이 글자가 들어갔다고 해서 모두 여자와 관련이 있다고 해석하는 것은 금물이다. 그 이유는 손을 앞으로 모은 채 일을 하고 있는 여자의 모습과 전쟁에 지는 바람에 포로가 되어 노예로 전락한 사람을 나타낸 두 팔을 땅에 딛고 꿇어앉혀진 모습이 서로 섞여서 사용되고 있기 때문이다. 그러므로 이 女가 들어가서 만들어진 글자들은 '여자'와 '노예, 포로, 죄인, 억눌린 사람' 등 두 가지 이상의 의미로 해석될 수 있음을 기억하기 바란다.

女가 세 개가 모인 姦간사할 간이란 글자를 보자. 이제까지는 '여자들 여럿이 모여 수다 떠는 것처럼 말을 많이 하는 것'이라는 해석이 대부분이었으나 그런 해석이 '간사하다'라는 의미로 연결될 수 있을까? 그래서 이 글자에 사용된 女 역시 전쟁에서 져 노예가 된 포로들을 그린 것이라는 생각이다. 전쟁에서 패배한 사람들은 겉으로는 엎드려 있지만 속으로는 복수를 꿈꾸고 있을 것이다. 그러니 이 글자는 엎드린 사람, 즉 낮은 신분의 사람들이 언제든 다시 반란을 일으키려고 모여 있는 형상을 나타내어 '간사하다, 간교하다'라는 의미를 나타낸 것이다. 한자를 풀이하다 보면 이렇게 원래의 뜻과 다르게 사용되는 기호들을 자주 만날 수 있다.

刃칼날 인과 心마음 심의 구성으로 이루어진 忍참을 인이라는 글자를 보자. 이 글자는 지금까지 각 한자의 뜻만을 생각하여, '칼날이 심장에 박히는 것처럼 아픈 것을 참는다'라고 해석되어 왔다. 하지만 나는 그렇게 단순하게 볼 것이 아니라고 생각한다. 위에 있는 刃은 이 글자에서는 무릎을 꿇고 엎드려 있는 전쟁 포로의 형상이 변한 형태이다. 팔에 해당하는 부분이 묶여 있는 것을 강조한 점이 보이지 않는가. 거기에 心은 심장이 아니라 그 포로가 느끼고 있는 '심정'을 의미한 것이다. 전쟁에서 지고 승자 앞에서 무릎을 꿇고 있는 포로의 심정을 표현한 글자인 것이다. 힘이 모자라서 패배할 수밖에 없었던 치욕을 '참고 있는' 것을 강조하고 있다. 忍의 위에 있는 점이 패배한 서러움을 못 이기고 흘리는 눈물처럼 보이지 않는가? 이 글자에 사람의 말을 의미하는 言말씀 언을 붙인 것이 認인정할 인이다. 바로 '자신이 전쟁에 패배하였음(忍)을 스스로 말(言)한다'는 것이니 '인정한다'는 뜻이 된다.

이렇게 하나의 글자 속에 다양한 의미들이 포함되게 된 것은 진시황秦始皇 때의 일이다. 중국 최초로 통일제국을 세운 진시황은 승상인 이사李斯와 함께 전국의 문자를 통일하려고 했다. 그러나 중국의 그 넓은 땅덩어리 구석구석에서 사용하던 그림문자들을 하나로 모으는 것은 보통 어려운 일이 아니었을 것이다. 그래서 정확한 그림이 전달되지 못하고 곳곳에서 오류가 속출했던 것 같다. 그 결과 비슷한 모양의 글자들은 대표적인 한 글자로 뭉뚱그려서 사용하게 된 것으로 보인다.

전쟁에 쓰던 수레를 타고 있는 병사의 모습이다. 사람이 올라탈 수 있는 수레와 그 수레를 받쳐 주는 두 개의 바퀴를 나타낸 車_{수레 차}에다가 그 위에 올라타 수레를 모는 사람의 형상이 변한 ⌐_{덮을 멱}이 합쳐진 글자이다. '군대', '군사'라는 뜻을 가졌다.

예문		
軍隊 군대	- - -	일정한 규율과 질서 아래 조직된 군인의 무리.
陸軍 육군	- - -	육상에서의 전투를 맡는 군대.
海軍 해군	- - -	주로 배를 이용하여 해상에서의 전투를 담당하는 군대.
空軍 공군	- - -	비행기를 사용한 공중 전투와 폭격 등의 전투를 맡는 군대.

017 ● 人(亻)·0

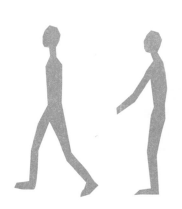

人
사람 인

　'사람'을 나타낸 글자로 다리를 벌리고 서 있는 사람이나 팔을 내밀고 서 있는 사람의 모습을 그린 형상이다. 처음의 경우는 맨 위에 있는 머리가 작게 변하고 두 팔은 생략되었다. 아마 두 팔까지 그리면 大 큰 대와 구분하기 어려웠기 때문이었을 것이다. 두번째 모양은 주로 부수에서 쓰이는 형상이다.

예문

人間
인간
 --- 사람 그 자체를 가리킨다. 나아가 사람이 사는 세상이란 뜻도 있다.

人心
인심
 --- 사람이나 백성들이 지니고 있는 마음.

人情
인정
 --- 사람이 본래 가지고 있는 감정. 남을 위하는 따뜻한 마음씀씀이란 뜻도 있다.

世人
세인
 --- 세상에 살고 있는 사람들.

人

人사람 인은 지금은 일반적인 사람 전체를 의미하는 글자이지만, 이 글자가 만들어진 당시엔 종이나 노예를 가리키는 民백성 민보다 상층의 계급을 이르는 글자였다. 사회나 국가를 구성하는 모든 사람들을 일러 人과 民을 합쳐 人民인민이라고 부르는 까닭이 바로 여기에 있다. 두 글자가 동일한 의미라면 굳이 두 개를 겹쳐 쓸 이유가 없었을 것이다.

또한 한문漢文에서 人사람 인은 주로 남을 의미하는 글자로 사용된다. 예를 들면 '己所不欲기소불욕, 勿施於人물시어인'(내가 원하지 않는 바를 남에게 행하지 말라)라는 『논어』의 문장에서 맨 끝의 人사람 인은 남, 일반적인 사람을 의미한다. 그럼 이 글귀의 앞에 나온 己몸 기는 어떤 의미일까? 바로 자기, '나'라는 뜻이다.

018 ● 夕·2

外
바깥 외

왼쪽에 있는 모양은 일정한 지역을 표현한 네모난 형상이었는데 글자를 옮겨 기록하는 과정에서 조금씩 모양이 변하여 夕저녁 석으로 된 것으로 보인다. 오른쪽에 있는 모양은 바깥쪽을 의미하기 위해 표면을 나타낸 직선과 일정한 부위를 콕, 찍은 점을 단순하게 표시한 모양이었는데 이것 역시 조금씩 변해서 가장 비슷한 모양인 卜점 복이 되었다. 일정한 지역의 바

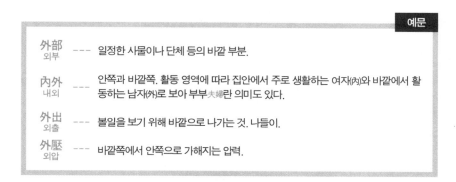

예문

外部
외부
--- 일정한 사물이나 단체 등의 바깥 부분.

內外
내외
--- 안쪽과 바깥쪽. 활동 영역에 따라 집안에서 주로 생활하는 여자(內)와 바깥에서 활동하는 남자(外)로 보아 부부夫婦란 의미도 있다.

外出
외출
--- 볼일을 보기 위해 바깥으로 나가는 것. 나들이.

外壓
외압
--- 바깥쪽에서 안쪽으로 가해지는 압력.

같쪽을 나타내는 아주 간단한 구조로 '바깥쪽, 겉면'이란 뜻을 갖게 된 글자이다.

ㅏ의 정확한 의미

이제까지 外바깥 외는 보이는 대로 夕저녁 석과 ㅏ점 복으로 이루어진 글자라고 이해되었던 까닭에 해석에 상당한 무리가 따랐다. 이제까지는 '저녁(夕)에 점(ㅏ)을 치는 것'을 나타낸 글자라는 풀이가 주를 이루었다. 어디서 나온 말인지 모르겠으나 '점(ㅏ)'이란 것은 아침에 쳐야 잘 들어맞는 법(?)인데 저녁에 점을 치면 틀릴 수밖에 없다. 따라서 이 글자는 바깥쪽을 의미하는 글자인 것이다'라고 이상한 풀이를 하고 있다. 그러나 이러한 오해 역시 ⑮女여자 녀에서 설명한 바와 같이 비슷한 글자는 대표적인 글자 하나로 모두 통합해 버렸던 오류에서 비롯된 것으로 보인다.

위에서 말한 대로 外에서의 ㅏ은 일정한 기준선을 표현한 ㅣ에 위치를 표시하는 ﹅를 찍은 것에 불과하다. 上위 상과 下아래 하의 경우, 수평으로 그은 단순한 선을 기준으로 해서 각각의 위와 아래에 위치를 표시한 점을 찍은 것이라는 해석이 일반적이다. 그렇다면 바깥쪽을 나타내는 방식도 같다고 할 수 있지 않을까? 이러한 예는 나무(木)의 손질하지 않은 겉면(ㅏ)을 나타내어 소박함을 의미하는 글자인 朴소박할 박. 성씨 박이나 사람의 사망 소식을 외부(ㅏ)에 말(言)로 알리는 것을 나타낸 訃부음 부, 그리고 명령에 따라 사람이 걸어서(走) 멀리 바깥(ㅏ)쪽, 즉 변경으로 떠나는 것을 나타낸 赴나아갈 부 등의 경우를 살펴보면 ㅏ이 '바깥쪽, 겉면'이란 의미를 나타낸다는 것을 쉽게 확인할 수 있다.

王
임금 왕

땅(一) 위에 우뚝 서 있는 큰 사람(大)의 모습을 나타낸 立설립 위에 하늘을 의미하는 커다란 원이 납작한 네모로 변한 一을 올려놓은 형태이다. 하늘(一) 아래와 땅(一) 위에 서 있는 가장 큰(大) 사람이란 뜻으로 '부족장, 왕, 가장 뛰어남'을 나타낸 글자이다. 시간이 지나면서 벌리고 선 다리의 모양이 합쳐져서 十의 형태로 변하였다. 이 글자를 보고 '권위를 상징한 큰 도끼나 창의 모습을 나타내어 부족에서 가장 힘이 있는 사람을 뜻한 것'이라는 의견도 있다. 어느 쪽이든 뜻은 크게 다를 바가 없다.

예문

王冠 왕관	---	왕이 쓰는 모자.
王妃 왕비	---	왕의 부인.
王族 왕족	---	왕의 일가一家.
大王 대왕	---	커다란 업적을 이룬 위대한 왕에게 붙이는 존칭.

小
작을 소

'작다'는 뜻을 나타내기 위해 모래알갱이처럼 작은 물건을 작은 점 세 개로 콕, 콕, 콕, 찍듯 그려냈다. 글자를 쓰는 과정에서 균형을 이루기 위해서였는지 가운데에 있는 점을 길게 내려 긋게 되어 자연스레 이 모양이 완성된 것으로 보인다.

예문

小人 --- 어른을 나타내는 대인大人에 비하여 어린아이를 의미하는 말. 아랫사람이 스스로
소인   를 낮춰서 부르는 말로도 사용된다.

小說 --- 줄거리를 꾸며서 만들어낸 이야기. 산문散文이라고도 한다.
소설

小型 --- 규격規格이나 크기가 작은 사물.
소형

最小 --- 가장 작은 것.
최소

輕薄短小경박단소

'가볍고, 얇고, 짧고, 작다'는 의미로 소비자들이 좋아하는 상품의 기준을 나타낸 말이다. 예전에는 사람들이 자신의 부富나 권위權威를 과시하기 위해 '무겁고(重), 두껍고(厚), 길고(長), 큰(大)' 물건들을 선택하는 경향이 있었지만 지금은 그렇지 않다. 작고 가벼워서 가지고 다니기 편하고 자리도 많이 차지하지 않으면서도 첨단기능이 있는 제품들이 인기가 많다. 대표적으로 휴대폰과 노트북도 얇을수록 잘 팔리지 않는가. 그렇지만 사람이 가볍고, 얇고, 짧고, 작으면 절대 인기가 없다.

021 ● 父 · 0

옛 형태를 보면 막대기처럼 생긴 도구를 들고 있는 손의 형상을 나타낸 것임을 알 수 있다. 도구를 사용한다는 것은 사냥을 하거나 농사를 지어 생산을 한다는 의미로 볼 수 있다. 주로 집 바깥에서 생산적인 활동을 하는 남자인 '아버지'를 나타낸 글자이다.

예문

父親 부친	---	아버지란 뜻. 부모는 나와 가장 가까운 분들이기에 親친할 친을 붙이는 것이다.
父母 부모	---	아버지와 어머니를 함께 부르는 말.
嚴父 엄부	---	엄한 아버지란 의미로, 통상적으로는 자모慈母, 즉 자애로운 어머니란 말과 함께 쓰인다.
學父兄 학부형	---	학생의 보호자 역할을 하는, 부모나 형 같은 사람.

母
어머니 모

    앞으로 손을 모아서 앉은 채 일을 하고 있는 형상으로 여자를 나타낸 女 여자 녀에서 갈라진 글자이다. 여자(女) 중에서도 젖이 나오는 가슴을 두 개의 점을 찍어 강조했다. 아이를 낳고 키우는 여자인 '어머니'를 나타낸 글자이다.

예문

母親 --- 어머니란 뜻. 부모는 나와 가장 가까운 분들이기에 親친할 친을 붙이는 것이다.
모친

母子 --- 어머니와 아들.
모자

母女 --- 어머니와 딸.
모녀

母性愛 --- 자식을 향해 발휘되는 어머니의 본능적이고 무조건적인 사랑.
모성애

毋금지할 무와 毒독 독

母어머니 모의 부수는 毋금지할 무이다. 이 부수의 형태를 자세히 보면 어떤 물건을 꽁꽁 싸매서 가져가지 못하게 하거나 움직이지 못하게 한 모양이라는 것을 알 수 있다. 이 의미가 대표적으로 나타난 예가 바로 毒독 독이다. 이 글자의 모양을 풀어 보면, 위와 아래가 서로 정반대의 의미라는 것을 알 수 있다. 위에 있는 글자는 땅에서 자라난 곡식이나 푸른 나무를 그린 것이다. 그런데 그 아래에 바로 꽁꽁 묶은 형태를 나타낸 毋무가 있다. 그러므로 이 글자는 '자라나거나 살지 못하도록 한다' 라는 의미를 나타낸 것이다. 아래의 예들에서 보이는 것과 같이 毒독이란 글자는 생명을 앗아가는 흉한 것을 의미한다.

毒독; 건강을 해치거나 생명을 위태롭게 하는 성분.
害毒해독; 좋고 바른 것을 망치거나 손해를 끼치는 것이나 그 손해.
解毒해독; 몸 안에 들어간 독성 물질의 작용을 없앰.
毒感독감; 바이러스의 감염에 의한 전염성이 있는 지독한 감기. 인플루엔자.

이런 것을 보면 이 모질고 흉한 의미를 가진 부수와 우리에게 언제나 친근하고 따뜻한 대상인 어머니(母)와는 전혀 관계가 없다는 것을 알 수 있다. 하지만 앞에서 설명한 것처럼 예전에는 모양이 비슷한 글자들은 가장 대표적인 글자 아래로 포함시키는 과정이 있었기 때문에 따뜻한 의미를 가진 母어머니 모가 모양은 비슷하나 의미는 정반대인 毋금지할 무 아래로 포함되고 말았던 것이다.

兄
형 형

이 글자의 옛 형태는 두 가지이다. 하나는 크게 벌린 입(口)과 사람의 형상(人)을 합쳐 만든 형태로 제사를 지낼 때 신이나 조상들께 직접 말씀을 드리는 사람을 나타낸 것이 있다. 이런 경우엔 높은 관직을 나타낼 때 사용한다. 또 하나의 형태는 날카로운 화살촉의 모양을 그린 것이다. 이 경우엔 화살을 가지고 '형제'라는 의미를 나타낸 것이다. 화살의 맨 앞에 있는 뾰족한 화살촉을 맨 앞에 있다 해서 '형', 그리고 그 화살촉을 고정하는 화살대

예문

兄弟 형제	---	형과 동생을 함께 부르는 말.
兄嫂 형수	---	형의 부인.
義兄 의형	---	의리 관계로 맺은 형.

를 뒤에 있다 하여 '동생, 아우'로 풀이한 것이다. 관직을 나타낸 기호나 화살촉을 묘사한 기호의 모양새가 서로 비슷하다 생각하여 나중에는 함께 혼합하여 쓰게 된 것이다. 가족들끼리 모여 제사를 지낼 때 축문을 읽거나 제사를 맡아 하는 사람도 형제 중의 맏형이란 사실을 떠올리면 쉽게 이해할 수 있을 것이다.

고대의 관등에 나오는 兄

이 글자는 고대의 官等관등에도 나온다. 예컨대 고구려의 太大兄태대형, 大兄대형, 小兄소형 따위가 그것이다. 고구려 사회에선 연장자를 의미하는 兄이 가부장이나 족장이 되는 사회 제도가 있었으므로 이런 제도가 국가 조직에도 자연스레 반영된 것으로 보인다. 大兄대형 이상의 관등을 가진 자만이 단위부대장인 末客말객에 임명되었다고 한다.

弟
아우 제

옛날 무기로 사용하던 창이나 화살, 주살 등은 날카로운 촉과 그것을 받쳐 주는 자루, 그리고 그것들을 연결할 때 사용하는 질긴 줄로 이루어졌다. 이 글자는 이 중에서 자루와 그 자루를 묶은 줄을 함께 그린 것이 변한 글자이다. 창이나 화살 같은 무기에 사용하는 날카로운 촉은 빠지는 일이 없도록 자루에 잘 묶여야 무기로서의 역할을 제대로 하게 된다. 그러니 촉과 자루를 연결한 후 그 위를 질긴 줄로 찬찬히 순서에 맞춰서 감아 줘야 하는데

예문

兄弟 --- 형과 동생.
형제

弟嫂 --- 동생의 부인.
제수

賢弟 --- 현명한 동생이란 의미로 동생을 높여 부르는 경우에 사용하는 말.
현제

弟子 --- 가르침을 받는 사람.
제자

이러한 모양을 그려 '차례'라는 의미를 나타낸 글자로 쓰였다.

그런데 날카로운 촉과 그 촉을 아래에서 받쳐 주는 자루를 형제의 개념으로 보고 날카로운 촉을 형이란 의미로, 그리고 그 촉을 줄로 꽁꽁 묶어 아래에서 받쳐 주는 자루를 아우의 개념으로 받아들이게 되었다. 그리하여 지금은 '아우, 동생'이라는 뜻을 나타낼 때 사용하고 있다.

● 木 · 4

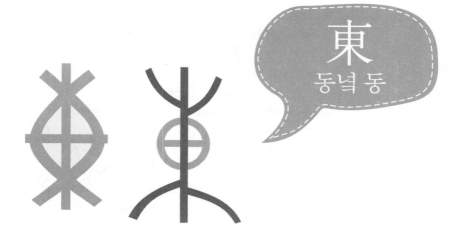

東
동녘 동

　원래의 모양을 보면 물건을 꽁꽁 싸맨 형상을 나타낸 것을 그린 글자임을 알 수 있다. 그런데 나중에 이 글자의 형태가 木나무 목과 日 해 일을 합쳐 놓은 구조로 나눌 수 있다는 것에 착안하여 해가 뜨는 쪽인 '동녘'을 가리킬 때 빌려 쓰게 되었다. '나무(木)에 해(日)가 동그랗게 걸려 있는 모습으로 해가 뜨는 동쪽을 의미한 글자'라고 이해하면 어렵지 않게 외울 수 있다. '녘'이란 '시간, 방향, 쪽'을 나타내는 우리 토박이말이니 '동쪽 동'이라고 읽어도 상관없다.

예문

東海 동해	---	동쪽에 있는 바다.
東洋 동양	---	우랄 산맥, 카스피해, 흑해, 지중해, 홍해를 연결하는 선線을 기준으로 그 동쪽에 있는 여러 아시아 나라의 집합. 곧 한국, 중국, 일본, 인도, 타이, 미얀마, 인도네시아 등을 포함한다.
正東津 정동진	---	서울에서 보았을 때 정동正東쪽 끝에 있는 나루터라는 뜻.

東夷동이와 오랑캐

東夷동이는 '동쪽의 오랑캐'란 뜻으로 중국 사람들이 자신들의 동쪽에 있는 족속들을 멸시하여 일컫던 말이다. 즉 일본, 만주, 한국 등이 해당하지만 대체적으로는 우리 민족을 가리킨다고 볼 수 있을 것 같다. 夷오랑캐 이는 커다란 활을 메고 있는 사람의 모양이라는 것이 정설이기 때문이다. 우리 민족은 예로부터 활을 잘 쏘는 민족으로 알려져 있었으며, 지금도 올림픽 같은 국제 경기에서 메달을 휩쓰는 걸 보면 틀린 말이 아니다.

중국은 이 東夷동이뿐만 아니라 자기들을 둘러싸고 있는 사방의 민족을 모두 오랑캐라고 하여 이름을 지었는데 서쪽은 戎오랑캐 융, 즉 西戎서융, 남쪽은 蠻오랑캐 만, 즉 南蠻남만, 그리고 북쪽은 狄오랑캐 적, 즉 北狄북적이라고 한다. 그런데 이들이 지은 이름들에 붙인 한자의 형상을 보면 戎융은 날카로운 도끼가 변한 글자이고 蠻만은 기다란 형태를 한 毒蟲독충의 모양을 하고 있으며 狄적은 아주 사나운 사람의 형상을 나타내는 등 하나같이 무서운 글자들이다. 어쩌면 그들은 언제든 자기들을 공격해 올지도 모른다는 두려움을 떨쳐 내기 위해 '오랑캐'라고 일부러 멸시하려 한 것일지도 모른다.

西
서녘 서

옛 글자의 모양을 보면 새가 둥지 안에서 서 있는 모양임을 알 수 있다. 해가 지는 저녁에는 새들이 모두 둥지로 돌아온다고 생각하면 쉽게 외울 수 있다. 해가 지는 '서쪽'을 나타낸 글자이다.

예문

西海 서해	---	서쪽에 있는 바다.
西洋 서양	---	동양의 입장에서 유럽과 아메리카의 여러 나라를 일컫는 말.
西部 서부	---	일정한 공간에서 서쪽 부분을 가리킴. 통상적으로 西部서부라 하면 미국의 서부 지방을 의미하는 경우가 많다.
西道 서도	---	마천령의 서쪽 지방, 즉 평안남북도와 황해도를 두루 일컫는 말.

南
남녘 남

　지구의 북반구에 위치한 동아시아 지역에서 북쪽은 차갑고 추운 데 비해 남쪽은 따뜻하고 온화하다. 날씨가 따뜻해 무성하게 자란 나무의 모습을 나타내어 '남쪽'이란 뜻을 강조한 글자이다. 木나무 목의 뿌리 부분을 넓게 벌리고 울창하게 자란 수목의 모양을 뿌리 아래에 합친 형상으로 보면 쉽게 이해할 수 있다.

예문

南方 남방	---	남쪽 방향.
南部 남부	---	일정한 공간이나 지역 가운데 남쪽 부분.
以南 이남	---	'일정한 기준으로부터 남쪽'이란 의미.
南道 남도	---	경기도 이남의 땅. 곧 충청도, 경상도, 전라도, 그리고 제주도.

北
북녘 북

　북쪽은 남쪽과 달리 몹시 추운 곳이다. 글자의 옛 모양은 사람들의 등을 강조한 모양이다. 따뜻한 남쪽을 향해 서 있는 사람의 등, 즉 뒤쪽을 강조하여 추운 지방인 '북쪽'을 의미하게 된 글자이다. 그런데 이 글자의 모양이 서로 등을 돌리고 있는 모양인지라 '(등을 지고) 달아나다'라는 의미도 갖게 되었다. 하지만 이 경우엔 소리가 변하기 때문에 '배'라고 발음해야 한다.

예문

北部 --- 일정한 곳의 북부 지역.
북부

北半球 --- 지구의 북쪽 지역.
북반구

敗北 --- '패하여 등을 지고 달아나다'란 의미로, 싸움에서 지는 것.
패배

톡!톡!
상식

北魚북어

北魚북어는 딱딱해질 정도로 말린 명태를 이르는 말인데, 왜 물고기 이름에 北북자가 들어갔을까. 이와 관련해 민간에서 전하는 이야기가 있다.

옛날 함경도 명천明川에 성이 '태太'씨인 어부가 살고 있었다. 어느 날 낚시로 이상한 물고기를 잡았는데, 아무도 이름을 아는 이가 없었다. 그래서 마을 사람들은 명천의 '명'과 고기 잡은 사람의 성 '태'를 합하여 '명태明太'라 불렀다. 남쪽에 사는 사람들은 북쪽에서 나는 명태의 싱싱한 모습은 보지 못하고 배를 째서 말린 것만 보았기 때문에 마른 명태를 북쪽 물고기라고 '북어北魚'라 하게 되었다는 것이다. 재밌는 이야기지만 사실이 아닐 확률이 99.9%이다.

54

中
가운데 중

　어떤 물건의 한가운데를 가른 것을 표현한 형태이다. 동그랗게 표현한 물건의 모양이 새기기 편하게 네모의 형태로 변하였다. 이 또한 上위 상이나 下아래 하의 경우처럼 상징적인 의미를 나타내는 지사指事 글자이다. 시간이 흐르면서 일정한 공간을 가로질러 꽂아 놓은 깃발의 형상으로 바뀌게 되었다. '가운데, 중앙'이란 뜻을 나타낸다.

예문

中央
중앙 --- 한가운데가 되는 중요한 곳.

中部
중부 --- 어떤 지역의 가운데 부분.

的中
적중 --- 화살이 과녁의 가운데에 들어맞는 것.

中學校
중학교 --- 초등학교와 고등학교 중간 과정에서 중등교육을 가르치는 학교.

    봉우리가 뾰족뾰족하게 솟은 산의 모습을 그대로 묘사하여 '산'이란 뜻
을 가진 글자를 만들었다. 흔히 이야기하는 모양을 따라 만든 글자, 상형문
자의 대표적인 예라고 할 수 있다. 메, 또는 뫼는 산을 나타내는 우리 토박
이말이다.

예문

登山 --- 산을 오른다, 혹은 산을 오르는 행위.
등산

下山 --- 산에서 내려온다, 혹은 산에서 내려오는 행위.
하산

山嶽 --- 크고 높은 산들을 함께 이르는 말.
산악

山羊 --- 산에 사는 양.
산양

先
먼저 선

옛 모양은 발의 모양을 나타낸 止그칠지의 변형된 형태와 사람의 형태를 합친 구성이다. 풀이하면 '발이 먼저 나간 사람'을 나타낸 것이다. 여기서 '발을 움직인다'는 것은 당연히 '걸어가는 것'을 말한다. 그러므로 이 글자는 '일정한 기준보다 먼저 발을 움직인 사람, 즉 먼저 출발한 사람'을 표현한 것이니 '앞서다, 먼저'라는 뜻을 나타낼 때 사용하게 되었다.

예문

先輩
선배
--- 학문, 덕행, 경험, 나이 따위가 자기보다 많거나 나은 사람.

先生
선생
--- 가르치는 사람을 두루 일컫는 말로, 남을 높여 부를 때 사용하기도 한다.

先後
선후
--- 어떤 일의 먼저와 나중. 간단히 '앞과 뒤'란 뜻.

先發
선발
--- '먼저 출발하다'란 뜻.

生
날 생

땅을 뚫고 자라난 식물의 모습을 나타낸 그림에서 비롯된 글자이다. 특히 사람이 재배하여 자란 것이 아니라 자연스럽게 자라난 식물이나 나무를 나타낸다. '태어나다, 생기다, 살다'라는 의미를 갖고 있으며 '새로 시작되는 것'에 관한 의미를 나타낼 때도 자주 사용된다. 살아 있는 나무나 풀을 의미하기 때문에 '(익히지 않은) 날 것'이란 의미도 있다.

예문

生命 생명	---	'목숨'이 원래의 뜻이지만 '어떤 사물이 유지되는 기간'이란 의미도 있다.
誕生 탄생	---	태어남.
生食 생식	---	날것으로 먹음.
生水 생수	---	끓이지 않은 신선한 물.

이 글자의 옛 형태를 보면, 양손으로 뭔가(爻)를 들고 있는 것을 조금 떨어진 곳(冖)에서 아이(子)가 지켜보고 있는 모양이다. 여기서 가운데에 있는 爻육효 효는 주역으로 점을 칠 때 사용하는 괘의 모양이다. 이 爻효는 나중에 文字문자를 의미하는 文글월 문이 된다. 즉, 이 글자는 문자를 배우고 있는 학생을 그린 것이다. '배우다'란 뜻과 '학교, 학문'이란 뜻도 함께 나타내는 글자이다. 가운데에 놓인 冖덮을 멱은 배우는 주체인 아이(子)와 배움의 내용

			예문
學習 학습	---	배워서 익히는 것.	
學校 학교	---	교육, 학습에 필요한 설비를 갖추고 학생을 모아 일정한 교육 목적 아래 교사가 지속적으로 교육을 하는 기관.	
學問 학문	---	지식을 배워서 익히는 것.	
學院 학원	---	학교와 그 외의 교육기관을 통틀어 이르는 말.	

인 爻육효 효를 구분한 선의 형태가 변한 것이다.

이 學배울 학에서 괘를 읽는 아이(子)의 자리에 눈을 크게 뜬 사람의 형상을 나타낸 見볼 견을 집어넣어 만든 것이 바로 覺깨달을 각이라는 글자이다. 괘에 나타난 깊은 뜻을 제대로 볼 수 있게 되었음을 나타내기 위해 눈을 크게 뜬 사람을 넣은 것이다.

校
학교 교

    오른쪽에 있는 交_{사귈 교}는 사람의 다리가 교차하고 있는 모양으로 '여러 곳을 많이 다닌다' 혹은 '서로 엇갈리다'라는 의미를 나타낸 글자이다. 거기에 木_{나무 목}을 합쳤으니 사람들이 자주 오가던(交) 큰 나무(木) 아래 공간이란 의미를 표현한 것이다. 오가는 사람들이 모여 쉬는 큰 나무 아래에서는 자연스럽게 토론이 벌어지기 마련이다. 또한 여러 사람들이 모여 나눈 각종 정보와 지혜 역시 함께 있는 사람들에게 전파되어 사람들의 지혜가 자

예문

鄕校 --- 고을에 있는 문묘와 그곳에 딸린 학교.
향교

校歌 --- 학교를 상징하는 노래. 학교의 교육정신, 이상, 특징 등을 나타내어 학교의 기풍을
교가   높일 목적으로 특별히 만든다.

校正 --- 교정쇄와 원고를 대조하여 틀리거나 빠진 것을 바로잡아 고침.
교정

연스레 자라게 되었다.

이렇듯 커다란 나무 아래에서 전달된 자연스러운 가르침과 배움이 보다 체계적으로 나타난 결과가 '학교學校'라는 교육기관이다. 이 글자에 木나무 목이 들어가게 된 것이 바로 이 때문이다. 또한 이런 큰 나무는 높은 언덕에 자리하고 있는 경우가 많았으므로, 지금도 학교에 가는 것을 登오를 등을 써 등교登校라 하고 학교에서 집으로 가는 것을 下아래 하를 써 하교下校라고 하게 되었다.

또 학교는 나쁜 습관을 고쳐 바른 습성을 갖게 하는 장소이기 때문에 이 글자 속엔 '바로 잡다, 교정하다'라는 뜻도 들어 있다.

035 ● 長 · 0

物건을 자를 수 있는 가위나 칼 따위의 도구가 지금처럼 흔하지 않았던 과거에는 머리카락을 단정하게 정리하는 일도 그리 쉬운 일이 아니었다. 따라서 당연히 나이 든 사람일수록 머리카락이 길었을 것이다. 나이를 먹어 자연스럽게 자라난 노인의 긴 머리카락의 모습을 그려서 '길다'라는 의미를 나타냈다. 이런 사람들은 나이가 많은 만큼 그동안의 경험에서 비롯된 지혜 역시 뛰어났기 때문에 무리를 이끄는 경우가 많았다. 그래서 '우두

예문

長壽 장수	---	오래 사는 것.
校長 교장	---	학교의 총 책임자.
長老 장로	---	덕이 높고 나이가 많은 사람이란 뜻으로 종교단체에서 나이가 많고 경력이 있는 사람에게 주는 직위.
長點 장점	---	좋거나 잘하거나 긍정적인 점.

머리'란 의미를 가지기도 한다. 무기나 농기구 등 각종 도구의 경우에 길면 길수록 유용하게 쓰이는 경우가 많았으므로 '좋다, 유용하다'란 의미로 사용되는 경우도 있다.

長袖善舞장수선무

소매(袖소매 수)가 긴(長) 옷을 입고 춤(舞춤 무)을 추면 훨씬 더 보기 좋다(善착할 선)는 말이다. 소매가 짧은 옷을 입고 양팔을 휘두르며 춤을 추면 손의 움직임만 도드라져 보여 연결이 되지 않지만, 기다란 소매를 입고 춤을 추면 소매가 펄럭이며 팔의 움직임이 더욱더 유려하게 보이게 된다.

『한비자韓非子』「오두五蠹」편에 나오는 원문은 長袖善舞장수선무 多錢善賈다전선고 이다. '소매가 길면 춤을 잘 추고, 밑천이 넉넉하면 장사를 잘 한다'는 뜻으로 남보다 준비가 더 된 경우엔 훨씬 더 좋은 결과를 낼 수 있음을 비유한 말이다. 공부도 그렇고 연애도 그렇고 조건이 더 좋고 준비가 잘 된 사람이 좋은 결과를 얻으니 이 말이 딱 맞는 것 같다.

門
문 문

이 글자 역시 모양을 보면 그 의미를 쉽게 알 수 있는 대표적인 상형문자이다. 손으로 밀면 양쪽으로 갈라지면서 열리는 커다란 대문의 모양을 나타냈다. '대문, 문'이란 의미를 갖고 있는 글자이다.

예문

大門 대문	---	커다란 문. 어떤 곳을 들어갈 때 가장 먼저 있는 커다란 문.
校門 교문	---	학교의 문.
門下 문하	---	가르침을 받는, 스승의 아래라는 뜻.
入門 입문	---	배움의 길로 처음 들어가는 것.

教
가르칠 교

　이 글자를 자세히 보면 앞에서 설명한 學배울 학에 나온 바와 같이 배움의 내용을 나타낸 爻육효 효와 배우는 주체인 子아이 자의 모습이 있는 것을 알 수 있다. 거기에 붓이나 막대기를 쥐고 괘를 짚어 가면서 학생들에게 가르침을 주고 있는 손을 그린 攵칠 복을 더해 '가르치다, 지도하다'라는 뜻을 표현하게 된 글자이다. 學배울 학의 주체가 학생임에 비해 教가르칠 교의 주체는 '선생님'이다.

예문

教育 --- 지식과 기술 등을 가르치며 인격을 길러 주는 일.
교육

教室 --- 가르침을 받는 공간. 학교에서 학생들이 수업을 하는 방.
교실

教授 --- 학문이나 기예를 가르치는 일. 또는 대학의 선생을 통틀어 일컫는 말.
교수

038 ● 宀·6

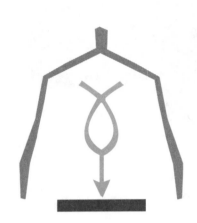

室
방 실

　바닥을 나타낸 土_{흙 토}에 방이나 창문을 그린 사각형, 그리고 지붕을 합친 구성이다. 창문이나 방을 묘사한 사각형과 바닥을 그린 형태가 변하여 지금처럼 至_{이를 지}의 모양이 되었다. 사람이 도착한(至) 지붕(宀)이 있는 곳이란 뜻으로 해석해도 큰 무리는 없다. '방, 공간, 집'을 표현하기 위해 만든 글자이다.

	예문

居室 거실	--- 사람이 사는 방. 요즘은 방, 부엌, 화장실 따위를 제외한 나머지 실내 공간을 의미한다.
地下室 지하실	--- 지면보다 낮은 곳에 만들어 놓은 공간.
室內靴 실내화	--- 일정한 공간의 내부에서 신는 신.

萬
일만 만

　이 글자는 사막에 많이 살고 있는 전갈의 모습을 그린 것이다. 두 개의 팔과 딱딱한 껍질에 싸인 몸통, 그리고 독침이 있는 꼬리의 형상까지 확실하게 그렸다. 그러니 글자 위에 있는 十십 자 두 개의 형태는 풀(艸)을 나타낸 것이 아니라 두 개의 집게 모양이 변한 것이다. 사막지대나 건조지대에서 뜨거운 햇볕을 피하기 위해 바위 밑에 오글오글 모여 있는 전갈들의 모습을 떠올린다면 '엄청나게 많은 수, 일만'이라는 의미를 나타내기 위해 전갈을 그린 이유를 알 수 있을 것이다.

예문

萬能
만능
--- 모든 방면에 능숙함.

萬物
만물
--- 세상에 있는 모든 사물.

萬年筆
만년필
--- 만 년이란 말을 넣어 아주 오랜 기간 사용할 수 있음을 표현한 것으로, 잉크를 넣어 오랫동안 사용할 수 있는 필기도구를 말한다.

年
해 년

옛 글자를 보면 뿌리와 줄기가 잘 자라 추수를 할 수 있는 단계의 곡식 모양이나 추수를 한 곡식을 메고 가는 사람을 나타낸 것임을 알 수 있다. 나중에 벼의 모습이 빠지고 사람(人)이 변한 모양과 발의 모양이 변한 글자가 합쳐진 모양으로 정리되었다. 곡식이 잘 익어 추수를 하는 모습으로 한 해 농사가 마감이 되는 가을을 나타내어 '1년, 한 해'란 의미를 가진 글자이다.

예문

豊年 --- 농사가 잘 된 해.
풍년

學年 --- 학제에 있어서 한 해를 단위로 한 구분.
학년

年俸 --- 한 해 동안에 받는 봉급.
연봉

年金 --- 일정한 기간 동안 매년 정기적으로 지급하는 돈.
연금

日
날 일

하늘에 떠 있는 해의 둥근 모습을 그린 형태가 변한 글자이다. 둥근 모습이 사각형으로 변하게 된 이유는 딱딱한 뼈나 거북의 껍질에 곡선을 새겨 넣다 보니 자연스레 직선으로 바뀌었기 때문이다. '해(태양), 날(하루), 날짜, 시간'이라는 뜻을 나타낸다.

여기서 '날'이라고 하는 말은 해가 떴다가 진 후 다시 뜨기 직전의 시간, 또는 자정에서 다음 자정까지의 시간을 말한다. 바로 24시간, 즉 '하루'이다. 하루살이라는 곤충을 '날파리'라고도 하는데 바로 이때의 '날'이 '하루'라는 의미를 나타내는 말이다.

예문

日月 일월	--- 해와 달, 날과 달이란 의미로 '세월'을 달리 일컫는 말.	十日 십일	--- 열흘.
日刊 일간	--- 날마다 간행함.	日課 일과	--- 날마다의 과정 또는 날마다 하 는 일.

   달의 모양을 표현한 글자이다. 물론 달도 해와 다름없이 둥근 모습이긴
하다. 그렇지만 달은 해와 달리 날짜에 따라 모양이 조금씩 다르게 보이기
때문에 대표적으로 반달의 모양을 나타내어 '달, 한 달'이란 뜻을 표현한 것
이다. 달의 가운데에 있는 그늘의 형상이 나중에 二로 변하였다. 달이 지구
를 한 바퀴 도는 시간을 '한 달'이라고 한다.

예문

月光
월광 --- 달빛. 그런데 달은 스스로 빛을 내지 못하니 엄밀하게 말하면 햇빛이 달에 비쳐 반
사된 빛을 말하는 것이다.

個月
개월 --- (한자말 숫자 따위의 다음에 쓰여) 달 수를 나타낸다.

月給
월급 --- 다달이 받는 급료.

가운데 人사람 인처럼 보이는 것은 불이 잘 타도록 세워 놓은 장작이나 나 뭇가지의 모양이고, 양쪽의 丶점 주는 나무에 붙은 불길이 위로 타오르고 있 는 모양이다. '불'이란 뜻을 표현하기 위해 만든 글자이다.

예문

火氣 화기	---	뜨겁게 느껴지는 불의 기운. 가슴이 답답해지는 기운이나 몹시 화가 난 기운을 가리키기도 한다.
鎭火 진화	---	일어난 불을 끄는 것. 말썽이나 소동 따위를 가라앉혀 해결하는 것을 가리키기도 한다.
火焰 화염	---	불꽃.
消火器 소화기	---	불을 끄는 데 쓰는 기구.

水
물 수

위에서 아래로 흘러내려 오는 물의 형상을 그린 것이다. 가운데 긴 줄은 물이 흘러내리는 모양을, 양옆의 무늬들은 물결무늬를 나타낸 것이다. 川내천처럼 수량이 많은 물이라기보다는 졸졸졸 흐르는 물의 모양으로, '물' 그 자체의 속성을 표현하는 글자를 만든 것이다.

예문

水力
수력
--- '물의 힘' 이란 뜻으로 물을 이용한 동력을 말한다.

食水
식수
--- 먹는 물. 말 그대로 식용으로 사용되는 물.

水泳
수영
--- 헤엄치는 것.

飮料水
음료수
--- 사람이 그대로 마시거나 음식을 만드는 데 쓸 수 있는 물이나 마시기 좋게 만든 액체.

045 ● 木 · 0

木
나무 목

이 글자 역시 대표적인 상형문자이다. 나무의 몸통을 중심으로 아래로 뻗은 뿌리의 모양과 위쪽으로 뻗은 가지의 형상을 합친 모양으로 '나무'라는 뜻을 나타낸 글자이다.

예문

木材
목재
--- 집을 지을 때나 가구를 만들 때 사용되는 '나무로 된 재료'.

草木
초목
--- 풀과 나무를 함께 부르는 말.

樹木
수목
--- 살아 있는 나무.

角木
각목
--- 사용하기 편하도록 네 면을 평평하게 깎은 나무. 모서리가 지게 깎았다고 해서 각목이라고도 하고, 모가 진 나무라 하여 '모나무' 라고 부르기도 한다.

　　역시 대표적인 상형문자이다. 다만 이 글자는 변형이 많이 되어 한 번에 알아보기가 쉽지 않다. 하지만 자세히 보면 화살이나 칼 같은 무기나 땅을 파는 농기구 따위를 만들기 위해 높은 온도에서 녹인 쇳물을 거푸집(형틀)에 붓고 있는 모습이라는 것을 알 수 있다. 예리함이 생명인 화살촉이나 칼, 농기구의 끝 부분 등 뾰족한 부분이 나중에 스삼합 집의 형태로 변하였다. 그 옆의 점들은 형틀의 틈을 통해 새어 나온 쇳물이 아래로 흘러내리고 있는 형상을 묘사한 글자이다. '쇠, 금속, 돈'이란 뜻을 갖고 있다.

金石 금석	----	쇠붙이와 돌이란 뜻으로 무척 단단한 것을 이름.
金銀 금은	----	'금과 은' 이란 뜻으로 모든 금붙이를 가리킨다.
黃金 황금	----	금의 원래 색이 누런 데서 유래한 말로 '돈' 또는 '재물' 이란 의미를 나타낼 때 쓰기도 한다.

역시 대표적인 상형문자이다. 땅(ㅡ) 위에 불쑥 솟아나 있는 흙덩어리의 모습을 나타내어 '땅, 지역, 흙'이라는 뜻을 표현한 글자이다.

예문

土地
토지 --- 일정한 구획을 가진 땅.

土壤
토양 --- 식물에 영양을 공급하여 생장하게 할 수 있는 흙.

土種
토종 --- 한 지방에서 특유하게 나는 종자.

● 靑 · 8

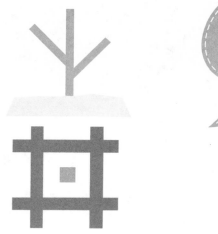

靑
푸를 청

옛 글자의 형태를 보면 사람들이 땅을 갈아 만든 밭의 형태와 그 땅에서 자라난 초목의 모양을 본 뜬 生날 생이 합쳐져 있는 것을 알 수 있다. 사람들이 노력을 쏟아 부어 만들어 낸 밭이나 땅에서 푸르게 자라난(生) 나무나 곡식의 형상을 나타낸 것이다. 나무나 곡식의 푸른색을 표현하여 '푸르다, 푸른 색, 젊다'란 뜻을 표현할 때 사용하는 글자이다.

예문

靑春 --- 새싹이 파랗게 돋아나는 봄철이란 뜻으로 인생에서 젊고 건강한 시절을 가리키
청춘   는 말.

靑年 --- 나이가 스물 또는 서른 살 안팎에 있는 젊은 사람.
청년

靑色 --- 푸른색을 띤 빛깔.
청색

靑雲 --- '높은 명예나 벼슬' 을 비유하여 사용하는 말. 파란 하늘에 높이 떠 있는 구름이란
청운   의미이니 아주 높은 자리에 오르는 것을 의미한다.

寸
마디 촌

아래에 점(丶)으로 표현된 물건을 움켜쥐고 있는 손의 모양이 변한 것이다. 물건을 꽉 움켜쥐기 위해선 손가락 마디들을 잘 구부려야 하므로 손가락 마디마디를 구체화시켜 '마디'란 뜻을 갖게 되었다. 또 마디는 일정한 간격이 있게 마련이므로 '간격, 촌수'란 뜻도 이 글자로 나타낸다.

예문

寸刻
촌각   --- 굉장히 짧은 순간.

三寸
삼촌   --- 아버지의 형제. 또한 길이를 재는 단위로 '세 치'를 말함.

寸數
촌수   --- 겨레붙이 사이의 멀고 가까운 관계를 나타내는 수.

寸數촌수 계산법

촌수를 계산할 때 부모와 자식 사이의 관계는 1촌으로 한다. 형제자매와 나는 같은 부모의 자식이므로 나와 부모 간의 1촌에 부모와 나의 형제자 매까지의 1촌을 합하여 나와 형제자매는 2촌 관계가 된다. 그리고 형제 의 자식과 나와의 관계는 당연히 나와 형제끼리의 촌수인 2촌에, 형제와 그 자식끼리의 촌수인 1촌을 더해 3촌 관계가 되는 것이다. 내 자식과 형 제의 자식끼리의 촌수는 나와 내 자식 간의 1촌, 나와 형제끼리의 2촌, 형 제와 형제 자식끼리의 1촌, 이렇게 해서 4촌이 된다.

050 ● 白 · 0

白
흰 백

    옛 글자를 보면 엄지손톱의 모양을 그린 것으로 보인다. 지금처럼 청결 유지를 위한 수단이 많지 않았던 시절, 그나마 깨끗하고 밝다고 할 만한 것은 손톱 정도가 아니었을까. 살갗은 주름이 있기 때문에 더러운 것이 묻으면 잘 닦이지 않지만 손톱은 표면이 매끈매끈해서 더러운 것이 묻어도 조금만 애를 쓰면 그나마 깨끗하게 닦아 낼 수 있다. 그런 이유로 '흰색, 밝다, 하얗다, 깨끗하다'란 뜻을 나타낼 때 사용했던 것으로 보인다. 엄지손톱이란 가장 큰 손톱이므로 '맏이, 으뜸'이라는 뜻으로도 사용한다.

예문

白雪
백설　--- 눈의 하얀 빛깔을 강조한 말.

白髮
백발　--- 하얗게 세어 버린 머리카락.

白骨
백골　--- 사람이 죽은 후 하얗게 남은 뼈.

白馬
백마　--- 하얀색의 털을 가진 말.

上
위 상

　기준선을 수평으로 긋고 그 위에 점을 찍은 형태로 일정한 기준점보다 '위'에 있는 상황을 표현하기 위해 만든 글자이다. 이런 형태를 흔히 指事文字지사문자라고 한다. 指事지사는 '일정한 사실(事)을 가리킨다(指)'는 의미이니 어떠한 사실이나 현상을 기호로 만들어 표현했다는 뜻. 앞에서 설명했던 中가운데 중와 外바깥 외, 그리고 이 上위 상, 下아래 하가 指事文字지사문자의 대표적인 예가 된다. 이 글자는 가장 높이 있는 것을 의미하기도 하므로 '우두머리, 임금, 왕'이란 뜻을 나타내기도 한다.

예문

屋上 옥상	---	집의 맨 위라는 뜻, 즉 지붕 위.
向上 향상	---	위로 향하여 나아간다는 뜻으로 기술이나 성적 따위가 높아지거나 좋아짐.
頂上 정상	---	사람의 머리끝, 정수리를 뜻하는 頂정수리 정에 上위 상을 더 했으니 그 이상 더 없이 가장 높음을 의미.
上司 상사	---	자기보다 계급이 위인 사람이나 기관.

앞에서 설명한 上위 상과 정반대의 경우를 말한다. 옛 모양을 보면 쉽게 알 수 있듯 기준선보다 '아래'에 있다는 의미를 나타낸 글자이다. 여기서 말하는 '아래'란 단순히 위치로서의 '아래'라는 뜻뿐만 아니라 신분이나 학식 등에도 사용되어 '낮다'라는 의미를 나타내기도 한다.

예문

地下 지하	---	지표면보다 아래란 의미이니 즉 땅 속.
下降 하강	---	아래 층. 낮은 등급의 계층이란 의미도 있다.
下層 하층	---	아래로 내린다는 뜻. 일정한 기준 밑으로 내려가는 것을 말한다.
引下 인하	---	끌어내린다는 의미. 물건의 가격이 낮아지는 것을 나타내기도 한다.

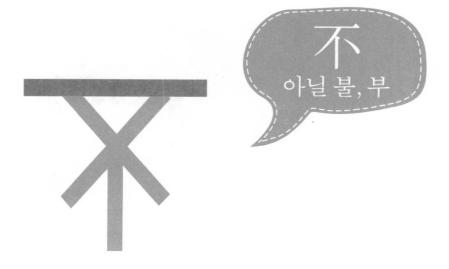

不
아닐 불, 부

'땅(一) 아래 뿌리만 숨어 있을 뿐 아직 바깥으로 싹이 올라오지 않은 식물'의 모양을 나타내어 '아니다'라는 '否定 부정'의 의미를 나타낸 글자다. 그런데 이 글자는 '불', '부' 두 가지의 음을 갖고 있는데 일반적으로는 '불'이라고 읽다가 'ㄷ'과 'ㅈ'으로 시작된 단어가 이 글자 뒤에 오게 되면 '부'라고 읽어야 한다.

예문

不良 --- 행실이나 성격, 또는 품질이나 성적이 좋지 못함을 이르는 말.
불량

不便 --- 순조롭지 않거나 거북하거나 하여 편하지 않음.
불편

不動 --- 물건이나 몸, 또는 마음이 움직이지 않음.
부동

不當 --- 이치에 합당하지 않음.
부당

世
인간 세

　十열 십을 세 개 그려 '三十(30)'을 의미한 글자. 인간 세상은 주로 30년을 주기로 변화한다. 한 世代세대를 30년 주기로 잡는 것도 이런 이유에서 나온 것이다. 할아버지와 아버지, 그리고 나의 관계를 살펴 보면 보통 30여 년씩의 간격이 있음을 알 수 있다. 여기에서 '인간'은 '사람'이 아니고 '(사람들이 사는) 세상'을 의미하는데 弘益人間홍익인간의 '인간' 역시 '사람'이 아니라 '(인간)세상'이란 의미이다.

예문

世上
세상　---- 사람이 사는 사회.

世界
세계　--- 온 세상, 모든 나라라는 뜻.

現世
현세　--- 이 세상을 말한다. 現在世上현재세상을 줄인 말.

쌓아 놓은 나뭇단 위에서 타오르고 있는 불을 나타낸 글자다. 지금과는 달리, 불을 피워 낼 수 있는 지혜가 발달하지 않았던 과거엔 불을 만들어 낼 수 있다는 것은 엄청난 일이었다.

불을 사용하게 되면서부터 사람들은 사나운 짐승을 효과적으로 막을 수 있었고 음식을 익혀 먹거나 그릇 등 생활도구를 만들어 낼 수 있게 되었다.

예문

主人
주인
---- 어떤 물건의 임자라는 뜻.

主題
주제
---- 주되는 제목이나 문제란 뜻. 사상이나 예술 작품의 으뜸이 되는 제재나 중심 사상.

主觀
주관
---- 자기 나름대로의 생각이나 관점.

主客
주객
---- 주인과 손님이란 의미이니 중요한 사물과 그 밖의 상대되는 사물.

이렇게 유용한 도구가 된 불의 모양을 그려서 언제든 불을 피워 낼 수 있고 그 불을 자유자재로 다룰 수 있는 능력을 지닌 부족장이나 제사장 등 '상위 계급의 존재'들을 나타냈다. '중심이 되는, 영향력이 있는 주체, 임금, 주인' 이란 뜻을 갖고 있다.

休
쉴 휴

사람(人)과 나무(木)를 함께 그려 나무 그늘 아래에 앉아서 쉬고 있는 사람들의 모습을 표현한 것이니 전형적인 會意文字회의문자라고 할 수 있다. '쉬다'란 의미를 나타낸 글자다.

예문

休日 휴일	---	일을 쉬고 노는 날.
休息 휴식	---	잠깐 동안 쉼.
休暇 휴가	---	군대나 직장 등의 단체에서 일정한 기간을 정해서 쉬는 것.
休學 휴학	---	일정한 기간 동안 학업을 쉼.

사람(亻)과 불꽃(主)을 함께 그렸다. 사나운 짐승도 쫓아낼 수 있고 음식도 익혀 먹을 수 있는 불을 피워 놓고 그 주변에 사람들이 모여 살고 있는 모습을 나타낸 글자다. '살다, 머무르다'란 뜻을 갖고 있다. 그림에는 이해를 돕기 위해 사람의 방향을 일부러 반대쪽으로 돌려 놓았다.

예문

住居   ---   일정한 장소에 머무르면서 사는 것.
주거

衣食住 ---   '입는 옷과 먹는 양식과 사는 집'이란 의미로 사람이 생활함에 있어 가장 중요한
의식주   세 가지 요소.

住宅   ---   사람들이 들어가 살고 있는 집.
주택

住所   ---   살고 있는 장소란 의미로 생활의 근거지가 되는 곳.
주소

便
편할 편, 똥오줌 변

　옛 글자를 보면 아파서 축 처져 있는 사람(丙)과 옆에 있는 사람(亻)과 도구를 잡고 있는 손(丮)이 합쳐진 것으로 보인다. 아픈 사람을 이리저리 손을 봐서 몸 상태가 좋아지도록 한 것을 나타내었으니 바로 '편하다'란 뜻을 갖게 된 글자다.

　그런데 속이 거북할 때, 화장실에 가서 배설을 하면 뱃속이 아주 편해짐은 당연한 일. 그래서 이 글자엔 '똥, 오줌(을 누다)'이란 뜻도 있다. 그렇지

예문

便利 편리	---	편하고 쉬움.
便安 편안	---	편하고 안전함.
便所 변소	---	대변이나 소변을 배출하기 위해서 만든 시설. 뒷간.
綠便 녹변	---	젖먹이가 눈 녹색 똥.

만 이런 뜻을 나타내기 위해 사용할 경우엔 '변'이라고 발음해야 한다. 그래서 '大便, 小便'은 '대변, 소변'이라고 읽어야 한다는 것을 기억하자. '便所' 역시 당연히 '변소'라고 발음한다.

男便남편과 女便여편

부부 사이에서의 남자를 男便남편이라고 한다. 그래서 부부에서 남편의 상대가 되는 여자, 즉 아내를 女便여편이라고 부르기도 했는데 언제부터 인가 '여편네'라고 쓰이게 되어 원래의 뜻과 달리 비속한 표현으로 받아 들여지게 되었다.

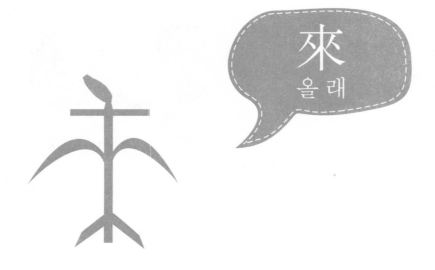

來
올 래

원래의 모양을 보면 이삭이 팬 '보리'를 나타낸 것이었다. 먹을 것이 넉넉지 않았던 옛날엔 밖에서 사냥을 하든, 농사를 짓든 가족들이 먹을 식량을 구하는 것이 가장 급선무였을 것이다. 그래서 이 글자는 밖에 나갔던 사람이 귀한 식량이라 할 수 있는 '보리', 즉 '먹을 것을 구해 들고 집으로 돌아온 경우'를 나타낸 것으로, '오다, 돌아오다'라는 뜻을 갖게 된 글자이다.

예문

往來 왕래	---	가고 오고함.
來賓 내빈	---	회의장이나 식장 등 공식적인 자리에 온 손님.
去來 거래	---	상품을 팔고 사거나 돈을 꾸어 주고받고 하는 것. 商去來상거래라고 하면 장사로 이루어지는 거래.
來日 내일	---	오늘의 바로 다음날.

들입

　원래의 모양은 땅으로 파고 들어가는 식물의 뿌리를 나타내어 '들어가다'라는 뜻을 표현한 글자이지만 고개를 숙이고 몸을 구부린 채 움집으로 들어가고 있는 사람의 모습을 떠올리면 더욱 쉽게 익힐 수 있는 글자다. '(안으로) 들어가다'란 뜻을 가지고 있다.

예문

出入 출입	---	나가는 것과 들어오는 것.
入力 입력	---	일정한 시간 동안에 기계에 들어가는 에너지의 양을 말하거나 컴퓨터 따위에서 글자나 숫자 등의 명령어를 기억하게 하는 일.
入場 입장	---	회의장이나 예식장 등 일정한 공간으로 들어감.

內
안 내

사람이 사는 집을 나타낸 담의 형태(冂)와 사람이 고개를 숙이고 안으로 들어오는 형상을 나타낸 入들입을 합친 구조다. 담(冂) 안으로 들어오는(入) 곳을 의미하는 것이니 '안쪽, 내부'를 가리키는 글자가 된다.

예문

內部 내부	---	어떤 물체나 건물의 안 쪽.
案內 안내	---	길이나 사정 따위를 알려 주거나 이끄는 일. 경우에 따라서는 그런 일을 하는 사람.
室內 실내	---	공간의 안쪽.
校內 교내	---	학교의 안.

全
온전할 전

이 全은 金쇠금이란 글자의 뜻을 알고 있는 경우엔 쉽게 이해할 수 있는 글자다. 화살이나 칼 등의 무기나 땅을 파는 농기구 따위를 만들기 위해 높은 온도에서 녹인 쇳물을 거푸집(형틀)에 붓고 있는 모습이 나타낸 것이 金금이라는 설명을 앞에서 한 바가 있다. 그런데 金금은 쇳물을 지나치게 많이 붓는 바람에 형틀 바깥으로 쇳물이 흘러넘치는 모양이 몇 개의 점으로 나타난 형태임에 비해서 이 글자는 그러한 점의 형태가 없어진 것임을 알 수

		예문
完全 완전	---	부족하거나 흠이 없는 상태.
安全 안전	---	탈이 날 염려나 위험성이 없음.
全體 전체	---	사물이나 현상의 전부.
全部 전부	---	모두 다, 온통, 모조리, 사물의 전체.

있다. 이것은 아주 적정한 양의 쇳물을 부었던 까닭에 바깥으로 흘러나온 쇳물이 없음을 표현한 것이다. 그러므로 '완전하다, 온전하다'라는 의미를 나타낼 때 사용하게 된 글자다.

保全보전과 保存보존

保全보전은 '잘 보호하여 온전한 상태를 유지하는 것'을 말하고 保存보존은 '잘 지녀서 상하거나 없어지지 않도록 하는 것'을 말한다. 애국가의 후렴부에 보면 '대한사람 대한으로 길이 保全보전하세'라는 부분이 있는데 이 부분을 무의식 중에 '保存보존하세'라고 잘못 부르는 경우가 많다.

冬
겨울 동

발과 엄지발가락으로 발이란 뜻을 나타낸 夊_{발 치}에다가 땅 위로 자라난 얼음의 모양을 나타낸 冫(氷_{얼음 빙})이 합쳐졌다. '발밑에 얼음 조각이 있음'을 나타내어 추워서 발을 동동 구르는 계절인 '겨울'을 표현한 글자다. 옛사람들의 슬기로움에 감탄을 금할 수 없다.

		예문
越冬 월동	---	겨울을 넘기는 것.
冬季 동계	---	겨울철.
立冬 입동	---	겨울로 들어섬을 알리는 이십사절기의 열아홉째 절기.
冬將軍 동장군	---	겨울의 사나운 추위를 용맹한 장군에 비겨 하는 말.

出
나갈 출

    사람들이 땅을 파서 만든 주거공간인 움집을 나타낸 ㅂ<small>입벌릴 감</small>과 바깥쪽을 향하고 있는 발의 형상을 그려 진행 방향을 나타낸 기호를 합친 글자다. '(내부로부터) 밖으로 나가다'라는 의미를 나타낸다.

예문

外出 외출	---	바깥으로 나감.
出入 출입	---	나가고 들어옴.
出世 출세	---	세간으로 나간다는 의미로 사회적으로 높은 지위에 오르거나 유명하게 되는 것.
出發 출발	---	어딘가를 향해 떠남. 어떤 일의 시작을 나타낼 때도 사용.

前
앞 전

옛 모습을 보면 발의 모양을 나타내어 진행방향을 표현한 것과 배를 나타내는 舟배주의 모습이 변한 月, 그리고 배가 전진하도록 밀어내는 장대나 노처럼 기다란 도구의 모습이 변한 刂(刀칼도)가 합쳐진 것임을 알 수 있다. 노나 장대처럼 기다란 도구(刂)를 이용해 배(月＝舟)를 '앞으로' 나가게(出) 하고 있는 모양을 그려 '앞'이라는 의미를 나타낸 글자다.

예문

前進 전진	---	앞으로 나아가는 것.
前後 전후	---	앞과 뒤를 함께 말하는 것.
前奏 전주	---	한 악곡의 연주에 앞서 반주악기들로만 미리 연주되는 부분.
前半戰 전반전	---	시간을 둘로 나누어 하는 운동 경기 중 앞 절반의 경기.

力
힘 력

흙을 팔 수 있는 도구인 삽이나 쟁기의 모습이 변한 글자다. 삽으로 땅을 파내거나 쟁기를 사용하여 농사를 짓는 것은 굉장히 힘이 든 일이니 이렇게 힘이 드는 일들을 하는 것을 그려서 '힘'이란 의미를 나타내었다.

예문

風力
풍력
--- 바람의 힘.

勢力
세력
--- 남을 누르고 자기가 마음대로 행동할 수 있는 힘.

潮力
조력
--- 밀물과 썰물의 힘.

千
일천 천

'꿩장히 많은 수'라는 의미를 나타내기 위해 만든 글자다. '1,000'을 나타내려고 어떤 물건을 천 개 그릴 수는 없는 일이고 보면 아마도 많은 사람이 서 있는 모습에서 착안한 것이 아닐까 싶다. 서 있는 사람들의 다리 부분을 강조한 것으로 보아 아마도 다리를 묶어 놓은 전쟁포로나 죄인들이 서 있는 형상을 그린 것으로 보인다. 그렇게 묶인 다리를 한 줄로 죽 그어서 표현하여 '꿩장히 많은 숫자, 천, 1000'이란 의미를 강조한 글자다.

예문

千里馬 --- 하루에 천 리의 먼길을 달릴 수 있는 좋은 말.
천리마

千乘之國 --- '병거 일천 대를 갖출 힘이 있는 나라' 라는 뜻으로 제후가 다스리는 나라.
천승지국

幾千 --- 幾몇 기는 '얼마 정도' 를 나타내는 글자이니 '몇천' 이란 뜻.
기천

千篇一律천편일률

　'천 편이나 되는 많은 시문의 음조가 모두 하나처럼 비슷함'이란 의미로 '여러 사물이 개별적 특성이 없이 모두 비슷비슷함'을 나타낸 말이다.

午
낮 오

수직으로 세워 놓은 장대와 해의 위치를 표현한 글자다. 태양이 하늘의 정 가운데, 즉 中天중천에 왔음을 알려 '낮'이라는 시간을 표현했다. 한낮이 되어 해가 장대의 바로 위에 자리하면 장대의 그림자가 거의 보이지 않게 됨을 그린 것이다.

한 가지 더, 이 글자는 사람들이 타고 다니는 '말'을 가리킬 때 사용하기도 한다. 그 이유는 뿔 달린 소를 그린 기호가 변한 牛소 우에서 찾아볼 수 있다. 牛소 우와 午낮 오를 비교해 보면 글자 윗부분에 볼록 튀어나온 부분이

<table>
<tr><td colspan="3" align="right">**예문**</td></tr>
</table>

午前 오전	---	자정으로부터 낮 열두 시까지의 동안. 上午상오.
午後 오후	---	정오로부터 밤 열두 시까지의 동안의 시간. 下午하오.
正午 정오	---	낮 열두 시. 반대되는 말은 밤 열두 시인 子正자정.

있고 없고의 차이가 보인다.

  그 부분을 소의 뿔로 본 옛사람들이, 톡 튀어나온 것은 牛_{소 우}요, 뿔이 없는 모양을 한 것(午)은 소와 크기가 비슷하지만 뿔은 없는 짐승, 즉 말을 나타낼 때 가져다 사용하게 된 것이다.

工
장인 공

이 글자에 대한 이야기는 참으로 많다. 직선을 긋는 데 쓰는 曲尺곡척: 각이 진 자이라는 말도 있고 물건을 만들 때 쓰는 도구라는 얘기도 있고, 또는 손에 들고 사용하는 도끼를 의미한다는 의견도 있다. 그러나 갑골문에 나타난 형태를 보면 본래 흙담을 쌓아 올릴 때 사용하는 돌로 된 '공이'를 나타낸 것임을 알 수 있다. 예전 담을 쌓을 때에는 양옆에 긴 막대를 쌓아올려

예문

工業 공업	---	원료를 가공하여 생활에 필요한 여러 가지 물건을 생산하는 산업.
工具 공구	---	기계 따위를 만들거나 조작하는 데 쓰는 기구.
工事 공사	---	토목이나 건축 등에 관한 일.
完工 완공	---	공사를 마침. 준공竣工.

양쪽에 벽을 만든 후 그 두 벽 사이의 공간에 흙과 적당한 양의 물을 섞어 채우고 돌로 만든 무거운 공이로 내리쳐 그 흙을 다졌다. 이런 과정을 여러 번 반복하여 원하는 높이만큼 쌓고 나서 흙이 마르기를 기다린 후 벽을 구성하고 있던 양쪽의 막대들을 제거하면 높은 흙담이 남게 되는 것이다. 이러한 이유로 이 모양이 들어간 글자는 '무엇을 만들다, 이루다'라는 뜻을 나타내는 경우가 많다.

左
왼 좌

못이나 끌, 말뚝, 정 같은 보조도구를 잡고 있는 손의 형태를 나타내어 '왼손'이란 뜻을 나타낸 글자다. 이 경우, 오른손에는 조각을 하거나 원하는 모양을 내기 위해 보조도구에 충격을 가하는 망치의 역할을 하는 커다란 돌멩이 같은 도구를 잡고 있게 마련이다.

왼손을 나타낼 때 工_{장인 공}이 들어간 이유는 '왼손'이 주로 가공(工)해야

左側 좌측	---	왼쪽.
左回轉 좌회전	---	왼쪽으로 도는 것.
左翼 좌익	---	왼쪽 날개. 통상적으로는 급진적 또는 과격적 당파나 인물을 가리키는 말.
左右 좌우	---	왼쪽과 오른쪽을 합하여 이르는 말.

할 대상물에 닿아 있는 손이란 것을 나타내기 위해서이다. 左원좌는 끌, 못, 정, 말뚝 같은 보조도구를 잡은 손을 나타낸 것이고 右오른우는 왼손에 잡고 있는 도구를 때리는 넓적한 돌이나 망치 역할을 하는 도구를 든 손의 형태를 표현했다.

口
입구

　사람이나 짐승의 벌린 '입'을 나타낸 모습이다. 둥근 모양의 입이 사각형으로 표시된 이유는 종이가 없던 옛날엔 거북의 껍질이나 소의 어깨뼈 따위의 단단한 판에 날카로운 칼로 새기는 형태로 표시를 하다 보니 부드러운 곡선을 나타내기가 쉽지 않았기 때문이다. 딱딱한 표면을 긁거나 파거나 새기는 형태로 나타내다 보니 점점 직선으로 이어진 모양이 된 것이다. '입'이란 뜻과, '입구, 문'이란 뜻을 함께 나타낸다.

예문

人口
인구 --- 어떤 곳에 살고 있는 사람의 수.

戶口
호구 --- 집과 식구.

入口
입구 --- 일정한 공간으로 들어가는 어귀.

口腔
구강 --- 입안.

口

口는 통상적으로는 '입'이란 뜻을 나타내는 글자이지만 다른 기호와 합쳐져서 생겨
난 글자들 중엔 '입' 이외에 다른 의미를 표현하는 경우도 종종 있다. '불특정한 상
황, 물건, 지역' 따위를 나타낸 둥근 모양이 네모난 형태로 표현되었다가 나중에 口
의 형상 아래로 통합되어 버린 경우가 많기 때문이다. 이러한 경우들은 해당되는
글자가 나올 때마다 상세히 설명할 것이겠지만 '울타리, 지역'을 나타내는 대표적
인 경우는 國나라 국이나 園동산 원, 衛지킬 위 등을 들 수 있고, '물건'을 나타낸 글자
로는 하나의 물건을 가운데로 나눈 그림인 中가운데 중과 물건을 두 번 나눴다는 의
미를 나타낸 四넷 사, 그리고 다음에 설명할 右오른 우 따위가 있다.

右
오른 우

지금과 마찬가지로 옛날에도 오른손잡이가 많았음을 알게 해 주는 글 자다. 앞에서 살펴본 것과 마찬가지로 左원좌는 못이나 말뚝 같은 보조도구 를 잡고 있는 손을 나타낸 글자인 데 비해 오른손은 못이나 말뚝 등 왼손으로 잡고 있는 보조도구에 타격을 가하는 커다란 돌이나 망치 역할을 하는 도구를 잡고 있는 손을 그린 것이다. 커다란 돌이나 망치처럼 생긴 도구를 표현한 원형이나 사각형이 나중에 口로 바뀌었다. '도구를 사용할 때 주로

예문

右側
우측
---- 오른쪽.

右翼
우익
---- 오른쪽 날개란 의미로 급진적인 좌익에 비해 점진적 또는 보수적인 당파나 인물.

右回轉
우회전
---- 오른쪽으로 도는 것.

사용하는 손'을 그려서 '오른쪽'이란 뜻을 나타냈다. 보다 더 쉽게 이해하려면 돌을 쪼고 있는 오른손잡이 석수장이를 떠올리면 되겠다. 돌에 직접적으로 닿는 정(보조도구)은 왼손에, 그 정에 충격을 가하는 망치는 오른손에 들고 있지 않은가.

무거운 자루(東)를 메고 땅(土) 위에 서 있는 사람(亻)의 모습을 나타낸 重 무거울 중에다가 力 힘 력을 더해서, 힘을 들여 무거운 자루를 움직이고 있는 모습을 나타낸 것이다. '움직이다'라는 뜻을 표현하기 위해 만든 글자로서, 무거운 것(重)도 힘(力)을 주면 '움직일' 수 있다는 식으로 기억하면 쉽다.

自動 자동	---	외부에서 움직이게 만드는 것이 아니고 스스로 움직이는 것.
動力 동력	---	어떤 물체를 움직이게 하는 힘이나 일을 추진하고 발전시키는 힘.
手動 수동	---	손으로 움직이도록 되어 있는 것.
動作 동작	---	몸이나 손발의 움직임.

同
한가지 동

옛 글자를 보면 지붕과 그 아래에 있는 움집을 나타낸 형태다. 아래에 있는 口는 땅을 파고 만든 '움집'을 의미하기도 하고 그 지붕 아래의 '공간적 개념'을 나타낸 것이기도 하다. 바로 한 지붕 아래에서 함께 살고 있는 '가족'을 나타내기 위해 만든 글자인바, 같은 지붕 아래에서 태어났거나 살고 있는 사람들을 이르는 것이다. '한 지붕 아래'라는 의미는 같은 부모 아래에서 태어나 같은 형제로서 함께 지내고 자랐다는 의미까지 포함하는 법이므로 이 글자는 '함께 하다, 같다'라는 의미를 나타내게 된다.

예문

同一 --- 서로 같다는 뜻. 기량이나 수준이 같은 정도임을 의미.
동일

協同 --- 힘과 마음을 한가지로 합하는 것.
협동

同窓 --- 한 학교에서 공부를 한 관계.
동창

아래의 口입 구는 물건을 담을 수 있는 그릇이나 상자를 표현한 것이고 위에 있는 夕저녁 석은 그 그릇에 담겨 있는 내용물을 그린 형상이다. 아마도 처음에는 위에 있는 글자도 사각형의 형태였을 것이나 그 모양과 아래에 있는 口가 혼동되는 경우가 많아지자 사각형의 모양을 변형시켜 차별화를 꾀한 것이 夕으로 변한 것으로 보인다. 그릇 속에 담겨 있는 내용물 각각의 '이름'을 나타낸 글자다. 흔히 이 글자를 '저녁(夕)이 되면 어두워져 사람을 분간할 수 없는 관계로 누구냐고 입(口)을 열어 이름을 물어보는 것에서 나온 글자'라고 풀이한다. 상당히 억지춘향격인 해석이라고 생각하지만 글자를 외우는 방편으로만 보면 큰 무리가 없을 것이다.

예문

名稱 명칭	---- 사물을 부르는 이름.	名士 명사	---- 세상에 널리 알려진 사람.
姓名 성명	---- 성과 이름을 함께 부르는 말.	有名 유명	---- 이름이 널리 알려져 있음.

命
명령할 명, 목숨 명

지붕과 그 지붕을 지탱하는 들보를 그려 특정한 장소를 나타낸 기호가 변한 스_{삼합} 집과 명령을 내리는 높은 사람의 입을 나타낸 口_{입 구}, 그리고 그 '명령'을 받기 위해 꿇어앉아 있는 사람의 모습인 卩=邑_{병부 절}, 이렇게 세 개의 의미가 합쳐진 구성이다. '명령, 명령하다'란 뜻을 나타내는 글자다. 그런데 '명령'이라 함은 목숨을 바쳐서라도 이행을 해야 하는 것이다 보니 이 글자를 '목숨'이라는 뜻으로도 사용하게 되었다.

예문

| 嚴命
엄명 | --- | 엄한 명령. | 壽命
수명 | --- | 목숨. |
| 抗命
항명 | --- | 명령에 복종하지 않고 반항하는 것. | 短命
단명 | --- | 수명이 짧음. |

　　각각의 의미를 갖고 있던 두 개의 글자를 서로 결합하여 만든 글자다. 커다란 문(門)에 입(口)을 대고 "안에 아무도 안 계십니까?" 하고 '물어보고' 있는 모습으로 보면 쉽게 이해할 수 있다. '묻다, 물어보다'라는 뜻을 나타낸다. 이런 경우를 '形聲文字형성문자'라고 하는데 모양을 나타낸 形모양 형과 소리를 나타내는 聲소리 성이 합쳐졌다는 뜻이다. 이 경우는 門문 문이란 소릿값이 그대로 유지되었다.

예문

問責 문책	---	잘못을 캐묻고 꾸짖음.
質問 질문	---	물어봄.
問答 문답	---	질문과 응답.
問題 문제	---	대답이나 해답 따위를 얻기 위해 낸 물음.

116

拷問고문과 顧問고문

拷칠 고는 마구 때린다는 뜻이다. 즉 拷問고문이라고 하면 원하는 대답을 쉽게 얻어 내기 위해 아프게 하거나 괴롭히면서 묻는 것을 말한다. 민주주의 사회에서 절대로 있어서는 안 되는 비인간적인 처사다. 이 고문과 소릿값은 같으나 전혀 다른 의미를 가진 顧問고문이 있다. 顧돌아볼 고와 問물을 문을 합쳐서 '돌아보면서 의견을 묻는다.' 는 의미를 나타낸 말이다. 즉 전문적인 일에 대한 물음에 해답을 주거나 의견을 제시해 주는 직책을 일컫는 것이다. 똑같은 소릿값을 가졌어도 拷問고문은 반인륜적 행위요, 顧問고문은 현명한 판단을 내리게 해 주는 이로운 역할을 말한다.

'흙, 땅'을 의미하는 土흙토와 몸을 앞으로 숙인 채 땅을 갈거나 곡식을 가꾸는 사람의 모양이 변한 也어조사이를 함께 그린 형태다. 경작을 하여 사람들이 먹는 곡식들이 생산되는 '넓은 대지'란 뜻을 나타낸 글자다.

예문

天地
천지 --- 하늘과 땅이란 의미로 세상, 우주, 세계 등의 의미를 나타낸 말.

地上
지상 --- 땅의 위란 뜻이니 현실 세계, 즉 이 세상.

大地
대지 --- 넓고 큰 땅.

土地
토지 --- 일정한 구획을 가진 땅.

也에 관하여

地땅 지를 구성하고 있는 글자들 중 왼쪽에 있는 土흙 토에 관한 설명은 논의할 필요가 없는 것이지만 오른쪽에 자리한 也어조사 야의 의미에 대해서는 지금까지도 여러가지 의견이 존재하고 있다. 그중 대표적인 이론이 두 가지가 있는데 그 첫째론 也의 모양이 뱀의 형상을 나타낸 것으로 풀어서 '뱀이나 벌레(也)들이 기어 다니는 흙(土)'을 나타낸 것이 地땅 지라고 설명하는 경우와, 둘째로는 也를 여성의 생식기의 모양이 변한 것이라는 의견으로, 곡식이 자라는 흙(土)과 자식을 낳는 여성(也)을 합친 땅(地)이란 글자는 '생산이 가능한 공간'을 의미하는 것이라고 푸는 경우이다.

하지만 이 책에서는 위에 그린 모양처럼 몸을 숙여 일을 하고 있는 사람의 형태가 변한 것으로 풀었다. 흙에 쭈그린 채로 농사를 짓고 있는 사람의 모양을 나타내어 '농사를 지을 수 있는 땅'이란 의미를 나타낸 것이다. 이러한 예는 他다를 타에서도 찾아볼 수 있다. 서 있는 사람을 그려 높은 계층을 뜻하는 亻=人사람 인과 종의 모양을 나타내기 위해 그린 엎드린 사람의 형상이 변한 也어조사 야를 함께 붙여서 '다르다'라는 의미를 나타낸 이 글자 역시 地땅 지와 같은 경우에 속한다고 할 것이다. 연못을 의미하는 池연못 지도 '낮게(也) 고인 물(氵=水)'으로 분석되니 같은 맥락으로 볼 수 있다.

119

땅이나 흙을 의미하는 土_{흙 토}에 햇볕(日)이 잘 내리쬐는 형상(昜_{빛날 양})을 합쳐 놓은 구성이다. 햇볕이 가득 내리쬐는 넓고 평평한 땅을 나타내어 '터, 마당'을 의미하는 글자를 만들었다.

		예문
運動場 운동장	---	운동 경기나 유희를 하기 위해 여러 가지 설비를 갖추어 놓은 광장.
工事場 공사장	---	공사를 벌이고 있는 곳.
市場 시장	---	여러 가지 상품을 팔고 사는 장소.
場所 장소	---	무엇이 있거나 무슨 일이 벌어지거나 하는 곳.

夏
여름 하

옛 모양을 보면 아주 화려하게 차려입은 채 춤을 추고 있는 사람의 형상을 나타낸 것임을 알 수 있다. 시간이 흐르면서 복잡한 장식을 한 머리 모양(首)과 춤을 춘다는 의미를 나타내는 발(夊)의 모양만을 강조하여 '화려한 옷을 차려입고 춤을 추고 있는 모양'을 그린 글자다. 한여름 가뭄이 계속되자 화려한 의상을 차려입고 祈雨祭기우제를 지내는 무당의 모습을 그려서 '여름'이란 뜻을 나타낸 것이다.

		예문
夏季 하계	---	여름철.
盛夏 성하	---	한여름.
炎夏 염하	---	불이 타오르는 것처럼 더운 여름.

깊은 밤에 뜨는 환한 달의 모양(月)에 비해 '작고 흐릿한 달(夕)'의 모습을 그려 밤에 비해 덜 어두운 '저녁'을 나타내었다.

		예문
夕食 석식	---	저녁 식사.
夕陽 석양	---	해질 때의 해나 그 햇빛.
秋夕 추석	---	음력 8월15일. 토박이말로는 한가위라고 한다.
朝夕 조석	---	아침과 저녁이란 뜻과 아침과 저녁에 먹는 식사, 두 가지의 뜻을 갖고 있다.

夫
지아비 부

성인 남자를 표현한 大큰 대라는 글자에 겹쳐서 一하나 일을 그렸다. 여기에서 一은 결혼한 사내가 상투를 올리고 동곳(상투머리가 흘러내리지 않도록 가로로 꽂는 물건. 비녀의 일종)을 꽂은 모습을 묘사한 것이다. 상투를 올린 성인 남자를 그려 '결혼한 남자'를 나타내는 글자가 되었다.

예문

夫婦 부부	---	남편과 아내, 즉 지아비와 지어미.
農夫 농부	---	농사를 짓는 사람.
漁夫 어부	---	물고기를 잡아 생계를 잇는 사람.
大丈夫 대장부	---	건강하고 씩씩한 사내.

天
하늘 천

넓게 펼쳐져 있는 공간인 '하늘'을 나타내기 위해 만든 글자다. 그러나 텅 빈 공간인 하늘을 표현한다는 것은 참 쉽지 않은 작업이었을 것이다. 그런 관계로 일단 성인 남자의 모습인 大를 세워 놓고, 그 위에 넓디넓은 공간을 의미하는 커다란 원형을 그렸던 것이다. 그러나 종이와 붓이 없었던 옛날, 딱딱한 뼈나 나무판에 칼이나 날카로운 도구로 형태를 새겨서 나타내다 보니 둥근 모양을 새기는 것은 거의 불가능했다. 결국 짧은 직선으로 이

예문

天地
천지 --- 하늘과 땅이란 말로 세상, 우주, 세계 등의 의미까지 나타냄.

天下
천하 --- 하늘 아래. 즉 온 세상.

蒼天
창천 --- 푸른 하늘.

天然
천연 --- 사람의 힘을 가하지 않고 저절로 이뤄진 상태.

루어진 거친 둥근 모양이 다시 사각형(口)으로 변한 후에 마침내 一의 형태로 변하게 된 것이다. 그러므로 이 글자에서 '하늘'을 의미하는 부분은 사람(大)의 위에 놓인 一이 된다. 단순한 하늘뿐 아니라 우주만물을 주재하는 '절대자'라는 의미를 나타내기도 한다.

姓
성 성

　여자(女)가 아이를 낳은(生) 후 누구의 자식인지를 구분하려는 목적으로 그 아이에게 붙이던 명칭인 '성씨'를 나타낸 글자다. 움집에서 여러 남녀들이 함께 어울려 살던 混居時節혼거시절에는 새로 태어난 아이의 확실한 소속은 그 아이를 낳은 어머니 쪽일 수밖에 없었기 때문이었다. 하지만 시간이 흘러 一夫一妻制일부일처제가 확립되면서 점점 남성이 중심이 되는 '父系社會부계사회'로 전환됨에 따라 아이들은 아버지를 나타내는 '氏씨: 남자가 물건을 들고 있는 모습을 그린 글자'를 따르게 되었다.

예문

姓名 성명	---	성씨와 이름.	姓氏 성씨	---	姓성을 높여 부르는 말.
百姓 백성	---	백 가지 성씨라는 뜻으로 많은 사람, 즉 국민.	同姓 동성	---	같은 성씨.

子
아이 자

커다란 머리와 두 팔, 그리고 강보에 싸여 있는 다리를 표현하여 갓난아기의 모습을 그린 글자다. 성인(大)과 달리 몸통에 비해 머리 부분이 큰 '어린아이'의 특징이 잘 나타나 있다. 아들이 자손을 퍼뜨리는 것에서 착안을 하여 '아이, 자손, 아들'이란 의미 외에 '씨앗, 종자, 씨'란 의미도 갖게 되었다. 의자倚子, 상자箱子, 탁자卓子 경우처럼 하나의 독립된 '물건'을 뜻할 때에 사용하기도 한다. 이 글자를 약간 변형시킨 글자 중에 孑외로울 혈이 있다. '혼자'인 상태를 의미하는 孑孑單身혈혈단신이라는 표현에 사용하는 글자인데 이 孑외로울 혈은 엄마로부터 떨어져 버린 어린아이의 형태를 표현한 것이다. 이 글자가 십이지지로 사용될 때엔 '쥐'를 나타내기도 한다. 이 글자의 옛 모습에서 쥐의 둥근 머리와 몸통, 그리고 긴 꼬리 모양을 연상하였기 때문일 것이다.

예문

孝子 효자	---	효성이 지극한 자식.	子孫 자손	--- 자식과 손자.
子女 자녀	---	아들과 딸.		

字
글자 자

　집(宀)과 아이(子)를 함께 써서 아이의 이름을 의미하던 글자다. 훗날, 아이의 이름을 이루고 있는 '글자 부분'을 강조하여 '글자, 문자'라는 뜻을 나타내게 되었다. 서당(宀)에서 아이(子)가 배우고 있는 것이 바로 '글자'라는 것이란 식으로 생각하면 보다 쉽게 외울 수 있을 것이다.

예문

千字文 천자문	중국 梁양나라 때 散騎常侍산기상시 벼슬을 지낸 周興嗣주흥사가 기초 한자 일 천 자를 모아 편찬했다고 전해지는 한자 학습서.
習字 습자	글자를 익힌다는 뜻.
漢字 한자	중국의 글자.
字句 자구	文字문자와 語句어구를 함께 부르는 말.

128

孝
효도 효

　머리가 길게 자란 모양을 그려 나이가 든 노인을 나타낸 글자(耂＝老)에 어린 아이(子)의 모양을 합친 구조다. 연세가 많이 드셔서 잘 걷지 못하는 노인을 어린아이가 부축하고 있는 모습으로 어른을 공경하며 잘 섬기는 모양을 그린 것이다. '효도, 효도하다'라는 뜻을 갖고 있다.

예문

孝道 --- 어버이를 잘 섬기는 일.
효도

不孝 --- 어버이를 잘 섬기지 않는 것.
불효

孝子 --- 효성이 지극한 자식.
효자

忠孝 --- 충성과 효성을 함께 이르는 말.
충효

安
편안 안

집 안에 있는(宀) 여자(女)는 '안전하다'는 의미를 나타낸 글자다. 예전에는 자손이 많을수록 노동력이나 군사력 면에서 유리했기 때문에 아이를 낳을 수 있는 '여자'를 식구 수를 불릴 수 있는 수단이나 도구로 생각하는 경향이 심했다. 그리하여 전쟁을 하거나 강제적인 무력에 힘입어 눈에 보이는 대로 여자를 데리고 가서 자신들의 세력을 넓히는 데 사용했던 예전의 약탈혼 흔적이 숨어 있는 글자인 것이다.

예문

便安 --- 편하고 안전함.
편안

安全 --- 탈이나 위험성이 없음.
안전

安心 --- 걱정이 없이 마음을 편안히 가지는 것.
안심

平安 --- 탈이나 걱정되는 일이 없이 편안함.
평안

흔히 이 글자를 풀이하기를 '여자(女)가 바깥으로 돌아다니지 않고 집
(宀)에 있어야 집안이 편안해지는 법이다'라고 해석하는 경우가 있는데, 이
러한 풀이는 남자는 존귀하고 여자는 비천하다고 생각하는 '男尊女卑 남존여
비' 사상에서 나온 그릇된 해석이라고 생각한다.

미안未安과 불안不安

우리가 흔히 사용하는 말 중에 '미안하다' 란 말이 있다. 이 말은 한자어
로 未安미안이라고 쓰는 것인데 글자 뜻대로 '마음이 편안하지 못하고 거
북함' 을 의미하는 것이다. 비슷한 구성인 不安불안은 '마음이 놓이지 않
고 조마조마함' 을 가리키는 말이다.

家
집 가

지붕과 양쪽의 벽을 합쳐서 표현한 宀집 면과 땅을 파내는 습성을 지닌 豕 돼지 시가 합쳐진 구성이다. 지금까지 이 글자는 '집 아래에 돼지들을 키우던 풍습에서 비롯되어 집이라는 의미를 그려낸 글자'라고 풀이되어 왔다. 하지만 이러한 기존의 해석은 어딘가 억지스러운 느낌을 숨길 수 없다. 왜냐고? 한자에서 집돼지를 그린 글자는 찾아보기가 쉽지 않기 때문이다. 여기에 들어가 있는 豕돼지 시는 일반 돼지가 아니라 멧돼지를 가리킨다. 멧돼지는

예문

家族
가족
--- 어버이와 자식, 부부 등으로 한집안을 이루는 사람.

家庭
가정
--- 한가족으로 이루어진 생활공동체나 그 생활의 터전.

外家
외가
--- 어머니의 친정.

家風
가풍
--- 집안에 전하여 내려오는 풍습이나 범절.

132

흔히 땅을 파헤쳐서 나무뿌리 따위를 캐 먹는 습성을 갖고 있는 까닭에 豕
돼지 시가 들어간 한자는 '땅을 파다'라는 뜻을 나타내게 된다. 즉 이 글자는
적당한 나무나 바위 등을 이용해 지붕과 벽을 세운 후(宀)에 사람들이 기거
할 수 있도록 땅을 움푹하게 파내었음(豕)을 나타낸 것이니 '(사람이 사는)
움집'을 의미하는 글자가 되는 것이다. 자세한 이야기는 아래의 「글자의 뿌
리」에서 다루기로 하겠다.

豕와 관련한 글자들

한자에서 들어 있는 豕돼지 시라고 하면 주로 멧돼지를 가리킨다. 멧돼지는 입부분
이 뾰족한 데다가 날카로운 이빨이 바깥으로 돌출되어 있는 관계로 땅을 파헤쳐 나
무뿌리는 물론, 감자나 고구마 따위의 각종 뿌리 식물을 캐어 먹는다. 멧돼지의 개
체 수가 급격히 증가한 요즘 농민들의 원성이 자자한 것도 땅을 파헤쳐 각종 농작
물을 싹쓸이해 버리기 때문이다. 이러한 멧돼지를 나타낸 豕돼지 시가 들어간 글자
들을 보면 우선 멧돼지를 뒤쫓는 발을 그린 逐쫓을 축과, 멧돼지들이 좁은 길을 따라
언덕을 오르고 있는 모양을 그린 隊무리 대, 멧돼지 떼가 줄을 서서 길을 가고 있는
형상을 나타내어 '이르다, 따르다'라는 뜻을 나타낸 遂따를 수 등을 들 수 있지만 이
글자들은 모두 멧돼지의 형상이나 무리를 지어 사는 습성을 이용하여 만든 글자다.

　하지만 우리가 알고자 하는 것은 앞에서 설명한 家집 가에서 쓰인 것과 같이 '파
다, 파헤치다'라는 의미를 가진 豕돼지 시가 들어간 글자. 바로 이러한 글자로는 琢
쫄 탁을 들 수 있다. 귀한 보석인 옥(玉)과 땅을 파는 멧돼지(豕)를 함께 적은 것이
다. 부드러운 옥을 각종 도구로 파고, 깎고 다듬어 세밀하게 가공하는 것을 나타낸
것이다. 이 글자에서 豕돼지 시의 다리 부분에 점이 찍힌 것은 왼쪽의 玉옥 옥에 찍힌
점이 글자를 쓰는 과정에서 오른쪽의 豕돼지 시과 합해진 것에 불과하다.

少
적을 소

크기가 아주 작은 모래 알갱이 같은 점 세 개를 그려서 크기가 작음을 나타낸 小_{작을 소}에 납작한 그릇(一)의 모양을 합친 것이다. 납작한 그릇(一)에 담겨진 물건의 부피가 크지 않고 작다(小)는 의미이니 그 양이나 수가 많지 않음, 즉 '(수량이) 적다'라는 뜻을 나타낸 글자다. 一처럼 표현되었던 납작한 그릇의 형태가 옮겨 적는 과정에서 丿의 형태로 변한 것으로 보인다.

年少 연소	---	나이가 어림.
少年 소년	---	어린 사내아이.
男女老少 남녀노소	---	남자와 여자, 늙은이와 어린이란 뜻으로 '모든 사람'을 이르는 말.

예문

물이 흘러내리는 모습을 그린 글자다. 水물 수가 중간에 끊어진 물줄기로 '물' 자체를 표현한 것에 비해 川내 천은 물이 계속 이어지며 내려오는 모습이니 많은 양이 아래로 흘러내리는 '냇물'을 나타낸 글자다.

예문

河川 하천	---	물이 흐르는 시내나 강.
開川 개천	---	개골창. 물이 흘러 나가도록 길게 판 내.
乾川 건천	---	조금만 가물어도 마르는 내.

市
저자 시

   원래의 모양은 여러 사람들의 발걸음이 많다는 뜻을 나타내어 '사람들이 많이 모인 곳'이란 뜻을 표현한 것이다. 글자의 구조가 변한 지금의 형태는 '물건을 사고파는 곳'이라는 표시를 한 깃발(巾 수건 건)을 세워 놓은 모습으로 보면 쉽게 이해할 수 있다. '시장'이란 뜻을 나타낸 글자이다. 여기서 '저자'는 물건을 사고파는 시장을 일컫는 우리 토박이말이다.

예문

市場 시장 --- 갖가지 물건을 팔거나 살 수 있는 장소.

特別市 특별시 --- 정부가 직접 관할하는 특별 상급 지방자치단체.

市長 시장 --- 지방자치단체의 하나인 시의 행정을 맡아보는 우두머리.

市民 시민 --- 시내에 사는 사람들.

平
평평할 평

　서로 같은 무게의 물건을 올려놓은 양팔 저울의 양쪽 끝이 평평하게 수평을 이루고 있는 모습을 떠올리면 쉽게 이해할 수 있는 글자로, '평평하다'란 뜻을 나타낸다.

예문

平均 평균	---	한결같이 고르게 한 분량이나 바탕.
水平 수평	---	고요한 수면같이 평평한 상태. 지구 중력의 방향과 직각을 이루는 방향.
地平線 지평선	---	전망이 트인 곳에서 보이는 하늘과 땅과의 경계.
平易 평이	---	까다롭지 않고 쉬움.

後
뒤 후

네거리를 나타낸 行다닐 행에서 왼쪽 부분만 강조하여 '거리, 간다'라는 뜻을 나타낸 글자 彳척에, 발의 모양으로 '발, 간다'라는 의미인 夊치, 그리고 어린아이의 형태로 '작다, 어린 아이'라는 뜻을 가진 幺요를 합친 글자이다. '어린아이가 좁은 보폭으로 길을 가고 있는 모습'이니 남들보다 '뒤지다, 뒤'란 뜻을 나타낸 것이다.

예문

後輩
후배 --- 늦게 시작하거나 하여 학문, 경험, 나이 따위가 자기보다 뒤진 무리.

先後
선후 --- 먼저와 나중을 함께 이르는 말.

後進
후진 --- 뒤쪽을 향해 나아간다는 뜻. 문물의 발달이 뒤진 상태.

後半
후반 --- 전체를 반반씩 둘로 나눈 것의 뒷부분.

소나 돼지 등 제물로 자주 올리는 가축의 '심장'의 생김새를 묘사한 것이다. 모든 행동의 근원이 되는 '마음'이란 뜻을 나타내기 위해 기운차게 뛰는 심장을 표현하였다. 심장이 멎으면 모든 생명은 끝이 나므로 '핵심, 중심, 한가운데'란 뜻을 나타내기도 한다.

예문

心臟 —— 순환계의 중심 기관. 모든 핏줄이 이곳에 모이며 정맥에서 돌아온 피를 받아 동맥
심장   으로 보내는 펌프 구실을 하는 장기. 우리말로는 염통이라고 부른다.

良心 —— 사물의 가치를 변별하고, 자기의 행위에 관하여 선을 취하고 악을 물리치는 도덕
양심   적 의식.

心血 ——— '염통의 피' 라는 뜻으로, '온 정신과 노력' 을 의미.
심혈

衷心 ——— 속에서 우러나는 참된 마음.
충심

손과 도끼를 함께 그린 모양이 변한 것이다. 전쟁에서는 가장 효과적인 무기가 되고 생활에서도 가장 유용한 도구가 되는 '도끼를 놓아둔 장소'라는 뜻을 표현하였다. '곳, 장소'라는 뜻을 나타낸 글자다. 또한 '손으로 도끼, 즉 무기를 잡고 이용하는 모습'을 강조하여 전쟁이나 싸움을 시작하게 된 '까닭, 이유, 바'도 함께 의미했다. 시간이 흐르면서 글자들을 옮겨 적는 과정에서 왼쪽에 있는 손의 모양을 나타내었던 기호가 戶외짝문 호로 바뀌게 된 것으로 보인다.

예문

所用 소용	---	쓰이는 바.
所聞 소문	---	사람들 사이에서 전하여 들리는 말.
場所 장소	---	일이 벌어지는 곳이나 자리.
便所 변소	---	대변이나 소변 따위를 배출하는 곳.

戶에 관하여

원래 戶외짝문 호. 지게문 호는 문이 좌우로 두 개 있어 양쪽으로 열리는 대문과 달리 한쪽 문만 열리는 작은 문을 가리키는 말이다. 그런데 이 글자만 따로 사용되는 경우에는 이러한 의미에 이의가 없으나 다른 글자들과 합쳐서 사용되는 경우엔 '외짝문'이라 풀이하기에는 조금 문제가 생긴다. 대표적인 예를 들자면 앞에 나온 所바 소를 비롯해서 扁넓적할 편이 들어간 여러 글자들, 즉 編엮을 편, 篇책 편, 偏치우칠 편 등이다. 戶외짝문 호를 책을 엮고 있는 손을 나타낸 것으로 보면 編엮을 편은 '끈(絲실 사)을 이용해 손으로 책(册책 책)을 묶고 있는 모양'이라고 풀이고, 篇책 편은 '죽간(竹대나무 죽)을 이용해 엮은 물건인 책'을 그린 것임에 분명하고 偏치우칠 편은 사람이 책을 엮을 때 한쪽만 묶고 있는 것을 나타낸 것이니 '한쪽으로 치우치다'라는 의미라는 것을 쉽게 이해할 수 있을 것이다. 그러나 끝까지 戶외짝문 호를 '문' 자체로 고집하여 '옛날엔 으레 작은 문 아래에 책을 놓아두었'는 등의 해석을 붙이다 보면 의미를 알기가 더욱더 어려워질 뿐이다. 그러니 위에 예를 든 여러 글자들은 나무쪽을 연결하고 있는 손의 형태가 조금씩 변하는 과정 끝에 가장 비슷한 글자인 戶로 변한 것으로 봐야 옳지 않을까.

머리에 여러 가지 물건을 이고 있는 여자 노비의 모습(婁)에다가 작대기를 들고 그 물건의 수량을 '세고' 있는 손(攵)이 합쳐진 글자다. 이 글자는 여러 가지 뜻을 갖고 있는데 '자주'라는 의미로 쓸 때는 '삭'이라고 읽는다(頻數 빈삭: 횟수나 도수가 매우 잦음). 또 '촘촘하다'라는 의미일 때는 '촉'이라고 발음한다(數罟 촉고: 그물눈이 아주 촘촘한 그물).

예문

數學 수학	---	수와 양 또는 공간의 도형에서 서로 이루어지는 관계나 성질을 연구하는 학문.
算數 산수	---	수를 세는 법. 수의 간단한 성질과 셈의 기초를 가르치는 과목.
數量 수량	---	수효와 분량을 함께 이르는 말.
件數 건수	---	일이나 사건의 가짓수.

財數재수 없다

財數재수라고 하는 말은 '재물(돈)이 생기거나 이를 볼 운수'를 뜻한다. 그러니 '財數재수가 없다'는 것은 '돈을 벌 운수가 없다'는 것이다. 돈을 벌어서 집안 식구들을 먹여 살려야 하는 가장의 입장에선 그러한 운수가 없다는 것은 참으로 암담한 입장이 아닐 수 없다. 그런데 요즘 사람들 중에선 이러한 숨은 뜻을 알지 못하고 자기 마음에 들지 않는다는 이유만으로 특정한 사람들을 가리켜 '재수 없다'라는 표현을 하는 경우가 많다. 가만히 생각해 보면 정말 심한 표현이다. 말을 할 때는 그 의미를 똑바로 알고 쓰도록 하자.

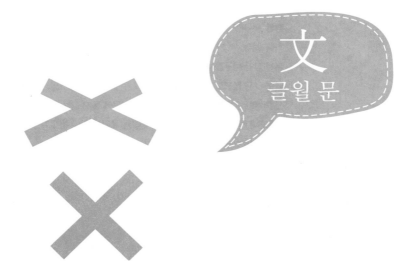

098 ● 文 · 0

주역의 괘를 이루는 여섯 개의 가로 그은 획의 모양을 나타낸 爻점괘 효라는 글자의 모양이 변한 것이다. 나무 위에 새겨진 '문양'이나 '무늬'라는 의미였는데 시간이 흐름에 따라 '글자, 문장' 또는 '꾸미다'란 의미까지 갖게 되었다. '글월'에서 '월'이란 '文章문장'을 뜻하는 토박이말이다.

예문

文章 문장	--- 한 가지의 짜인 생각을 글로 나타내는 언어 행위의 기본 단위.
文書 문서	--- 글자나 숫자 따위로 일정한 뜻을 나타낸 것.
文學 문학	--- 글에 대한 학문이란 뜻.
詩文 시문	--- 시가와 산문을 합쳐서 가리키는 것.

학문과 관련된 점괘 효爻

    현재 사용하고 있는 文글월 문의 기본 형태인 爻 점괘 효는 당연히 학문과 관련된 글자에 자주 쓰였다. 예를 들자면 학문의 기초인 學배울 학에서는 윗부분의 중간에 자리하고 있고 학문의 또 다른 축인 敎가르칠 교에선 왼쪽 위 부분에 쓰였음을 알 수 있다.

方
모방

논이나 밭을 가는 농기구인 '쟁기'를 나타낸 글자다. 이 글자가 '모(모서리)'라는 의미를 갖게 된 이유는 쟁기질을 마치고 나면 논밭의 모양이 반듯반듯해지기 때문이다. '方形방형'이라고 하면 네 개의 '모(모서리)'로 이루어진 모양, 즉 '四角形사각형'을 나타낸다. 그러한 이유로 '동서남북', 즉 '방향'이라는 의미를 갖고 있기도 하다.

예문

方形
방형 --- 네모 반듯한 형상.

方正
방정 --- 말이나 행동이 바르고 반듯함.

方位
방위 --- 어떠한 쪽의 위치.

方針
방침 --- 앞으로 일을 치러 나갈 방향과 계획.

사람을 나타내는 方

方모 방은 다른 글자와 어울려서 새로운 글자가 되는 경우에는 사람의 모양을 나타낸 大의 변형으로서 '달아나거나 뛰어가는 사람, 휘청거리는 사람'을 나타내는 경우가 있다. 예를 들자면 공격을 해오는 사람들(方)을 언덕이나 성 위에서 막고 있는 것을 나타낸 防막을 방이나 도구를 들어 사람(方)을 쫓아내고 있는 모양을 그린 放놓을 방, 그리고 여자와 남자(方)를 함께 그린 형태의 妨방해할 방 따위를 들 수 있다.

手
손 수

다섯 개의 손가락을 쫙 편 '손'의 모습이다. 어떤 물건을 만들거나 일을 함에 있어 주로 손을 사용하는 관계로 '(어떤 일을 하는) 사람'이란 의미도 함께 나타낸다.

手動 --- 손으로 움직이도록 되어 있는 것.
수동

手製 --- 손으로 만드는 것.
수제

手術 --- 의료 기계를 써서 째거나 꿰매거나 자르거나 하여 병이 난 곳을 고치는 행위나
수술　　과정.

手話 --- 손을 사용하여 의사를 전달하는 것. '손말'이라고도 한다.
수화

旗
깃발 기

성을 쌓기 위해 삼태기를 든 병사들이 특정한 깃발 아래에 모여 있는 모습을 나타낸 글자다. 삼태기의 모양이 其그 기로 변하였다. 삼국지를 보면 하루아침에 높은 토성土城을 쌓아올리는 경우가 자주 나온다. 상대방의 성과 같은 높이에서 전쟁을 하기 위한 조치였다. 한 번의 전쟁에 동원되는 병사들이 적게는 수만 명에서 많게는 수십만 명에 이르다 보니 한 사람이 한 삼태기씩만 흙을 갖다 부어도 금세 웬만한 동산보다 높은 언덕이 만들어지는 것이다. '깃발'이란 뜻을 나타낼 때 사용한다.

예문

旗手
기수 --- 군대에서나 일반 행사 때 대열의 앞에 서서 기를 드는 일을 맡은 사람.

國旗
국기 --- 한 나라를 상징하는 깃발을 일컫는 것.

靑旗
청기 --- 푸른 빛깔의 깃발.

白旗
백기 --- 하얀 빛깔의 깃발.

春
봄춘

　원래 글자를 보면 겨울이 지나고 햇빛(日)이 쪼여 따뜻해지니 땅 속의 식물들(艸)이 싹 터 올라오는(屯) 모습을 묘사한 것이다. 추운 겨울이 지나고 봄이 와서 대기와 땅이 따뜻해지자 만물이 싹트고 생동하는 모양을 나타낸 것이니 '봄'이란 계절을 나타내는 글자다.

예문

立春
입춘 --- 봄이 시작된다는 뜻을 가진 이십사절기 중 첫째 절기. 대한과 우수 사이에 자리함.

靑春
청춘 --- 새싹이 파랗게 돋아나는 봄철이란 뜻으로 '젊고 건강한 시절'을 가리킨다.

早春
조춘 --- 이른 봄.

春秋
춘추 --- 봄과 가을을 가리켜 1년, 즉 한 해를 의미. '나이'를 높여 부르는 말로도 사용한다. 年歲연세라고도 함. 공자가 지은 역사책의 이름이기도 하다.

時
때 시

원래는 해(日)＋발(止)이 합쳐진 구조로 해가 움직이는 것, 즉 '시간'을 의미하는 글자였다. 그런데 이 모양이 是바를 시의 형태가 되면서 해란 것은 언제나 동쪽에서 떠서 서쪽으로 지는 것이니 그 움직임이 '틀림이 없음', 즉 '옳다, 바르다'라는 의미를 나타낼 때 사용하는 경우가 많아지게 되었다. 결국 '시간, 때'라는 원래의 내용을 나타내기 위해 손을 그린 寸촌을 추가하여 지금의 형태로 표현하게 되었다. 관청(寺관청 시, 절 사)에 설치되어 시간(日)을 알 수 있게 하던 '해시계'를 떠올리면 쉽게 이해할 수 있을 것이다.

	예문
時間 시간	--- 어떤 시각에서 다른 시각까지의 동안이나 그 길이.
時計 시계	--- 시각을 재거나 표시할 수 있도록 만든 장치나 기계.
時日 시일	--- 때와 날. 날짜.
時節 시절	--- 계절, 사람의 한평생을 여럿으로 구분할 때의 어느 한 동안.

有
있을 유

사람의 손의 모양과 고기의 모양(肉고기 육)이 변한 月이 합쳐진 구성, 즉 손으로 고기를 들고 있는 형상을 나타낸 것이다. 식량이 충분하지 않았던 옛날에는 '식량이 얼마나 남았는가'가 가장 중요한 문제였을 것이다. 손으로 고기(月 =肉)를 들어 보이는 모습으로 '아직 먹을 것이 남아있음'을 묘사하여 '가지고 있다, 존재함'이라는 의미를 나타낸 글자다.

		예문
有形 유형	---	모양이나 형체가 있는 것.
所有 소유	---	가지고 있는 바, 즉 가지고 있음.
有無 유무	---	있음과 없음.
有色 유색	---	빛깔이 있음.

村
마을 촌

　'관리하다, 만들다'라는 뜻을 나타내기 위해 손으로 물건을 움켜쥐고 있는 모양인 寸마디 촌과 木나무 목이 합쳐진 구성이다. 여기에 나오는 나무는 숲에서 자라는 일반적인 나무가 아니라 마을을 에워싼 울타리를 가리킨다. 그렇게 외부와 구분할 수 있도록 울타리로 둘러싸인 공간인 '마을, 촌락'을 나타내기 위해 만든 글자다. 또 '배나무 고을'이라든가, '은행나무 마을', '느티나무 동네'란 식으로 그 마을의 대표적인 나무로 마을의 이름을 짓기도 했으므로 한 마을의 대표적인 나무(木)를 손(寸)으로 가꾼다는 뜻으로 이해하면 쉽게 익힐 수 있다.

예문

村長 ---- 한 마을을 관장하는 마을의 우두
촌장　　　머리.

村落 ---- 시골의 작은 마을.
촌락

農村 ---- 농업을 생업으로 삼는 지역이나
농촌　　　마을.

漁村 ---- 고기잡이하는 사람들이 모여 사
어촌　　　는 마을.

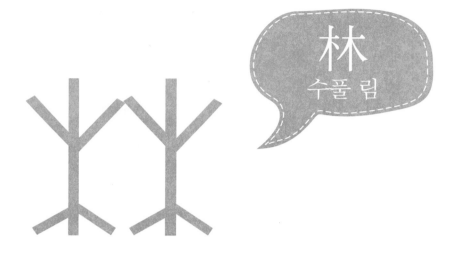

林
수풀 림

커다랗게 자란 나무를 연속해서 그려 나무가 무성한 '숲'을 의미한 것이다. 漢字한자가 얼마나 이해하기 쉽게 만들어진 언어인지를 잘 보여 주는 글자이다.

예문

密林
밀림
--- 큰 나무들이 빽빽하게 들어선 깊은 숲.

森林
삼림
--- 나무가 많이 있는 숲.

林野
임야
--- 숲과 들판을 아울러 일컫는 말.

樹林
수림
--- 나무가 무성하게 우거진 숲.

綠林녹림

글자 그대로 '푸른 숲'을 가리키는 말이다. 하지만 綠林녹림이라는 표현
은 주로 '도둑, 또는 도둑의 소굴'을 나타낸다. 도둑이란 정당하지 않은
행위로 생계를 유지하는 무리이다 보니 저잣거리에서 살긴 어렵게 마련,
결국 숲이 우거진 산속에서 생활을 할 수밖에 없었다. 정리를 하자면 '도
적질을 하면서 숲에서 무리를 지어 사는 존재들'이라는 의미가 된다. 우
리나라 말에도 도적들은 주로 산에 모여 산다고 하여 '산 도적'이란 표현
이 있다.

植
심을 식

나무(木)와 直곧을 직을 합친 구성이다. 나무를 곧바르게 서 있도록 세운 다는 의미이니 나무(木)를 심는 형상을 나타낸 것임을 금세 알 수 있다. '(나무를) 심는다'는 뜻을 나타내기 위해 만든 글자다.

		예문
移植 이식	---	나무나 장기, 피부 따위를 위치를 옮겨 심거나 붙이는 것.
植樹 식수	---	나무를 심음.
植物 식물	---	생물계를 동물계와 같이 크게 둘로 나눈 것의 하나. 자유로이 운동을 못 하며, 독립 영양을 행한다는 특징을 갖고 있다.
植木日 식목일	---	나무를 많이 심고 아껴 가꾸는 것을 권장하기 위해 나라에서 정한 '나무를 심는 날'. 매년 4월 5일.

歌
노래 가

　오른쪽에 있는 欠하품 흠은 입을 크게 벌린 사람의 형상이다. 그런데 왼쪽에 있는 哥형 가라는 글자도 입을 벌려 소리를 내고 있는 모습으로 '형'이나 '아버지'를 부르는 호칭이다. 즉 이 글자 속엔 입을 크게 벌리고 있는 사람이 모두 세 사람(可＋可＋欠)이나 있는 셈. 그러니 '노래하다'라는 의미를 나타내기에 이보다 더 적당한 글자가 또 있을까.

예문

歌謠 가요	---	민요, 동요, 속요, 유행가 등의 속칭.
校歌 교가	---	학교를 상징하는 노래.
讚歌 찬가	---	찬미하거나 찬양하는 노래.
歌手 가수	---	노래 부르는 일을 직업으로 삼는 사람.

正
바를 정

　원래의 형태는 특정한 장소를 나타내기 위해 그린 둥그런 모양(□)과 사람의 발(止)을 합친 구성이다. 목적지나 특별한 장소를 나타낸 둥근 모양이 사각형으로, 다시 그것이 납작하게 변하여 ―의 모양이 되었고 거기에 발(止)을 합친 것이다. 자세히 말하자면 '목적한 장소를 향해 돌아감 없이 곧장 걸어가는 발의 모양을 나타낸 것이니 '바르다, 바로잡다'란 뜻을 나타내는 글자가 된다.

예문

正答 --- 옳은 답.
정답

正常 --- 변동이나 탈이 없음, 즉 이상이 없는 상태.
정상

正直 --- 마음이 바르고 곧음.
정직

正午 --- 낮 열두 시.
정오

이 글자의 원래 모양이 그대로 남아 있는 글자가 있다. 바로 足_발 족이란 글자인데 장소를 나타내었던 위쪽의 둥근 모양이 무릎 뼈와 비슷하다고 생각했던지 사람이나 짐승의 발을 나타내는 足_발 족이란 글자로 사용하게 되었다. 그래서 足_발 족에는 '발, 다리' 란 뜻 외에도 正_{바를} 정에서 파생된 '바르다, 만족하다'라는 의미가 함께 있는 것이다.

氣運_{기운}이란 눈에 보이는 것이 아닌지라 원래의 모양은 봄이 되어 날씨가 풀리자 겨우내 얼어 있던 땅이 녹으면서 아지랑이가 하늘로 아른아른 올라가는 모양을 나타낸 것이었다. 여기에다가 곡식(米 쌀 미)을 추가, 음식을 만들 때 아른거리면서 올라가는 따뜻한 훈김을 그려 더욱더 구체적으로 '힘, 기운'이란 의미를 표현했다.

예문

氣運
기운 --- 힘의 움직임.

空氣
공기 --- 지구 대기의 하층 부분을 이루고 있는 무색, 투명한 기체. 분위기나 느낌이란 뜻도 갖고 있다.

熱氣
열기 --- 뜨거운 기운.

氣力
기력 --- 어떠한 일을 해낼 수 있는 정신과 육체의 힘.

每
매양 매

이 글자 모양을 보면 人사람 인과 毋어머니 모가 합쳐진 구성임을 알 수 있
다. 여기서 人은 지붕을 그린 것으로, 집이나 일정 공간을 나타내었던 宀이
변한 것으로 볼 수 있다. 즉 이 글자는 '언제나 집(宀) 안에 계시는 어머니
(毋)'를 가리키는 말이 된다. 아버지를 필두로 한 남자들이 바깥에서 사냥
과 농사 등 주로 바깥에서 활동을 함에 비해 어머니를 비롯한 여성들이 육
아와 살림 등 집안일을 책임지던 옛 습속을 그린 글자인 것이다. 당연하게

예문

每日 매일	---	날마다.
每年 매년	---	해마다.
每事 매사	---	하나하나의 모든 일.
每番 매번	---	어떤 일을 할 때 변함없이 그러함.

도 어머니의 공간은 주로 실내가 된다. 이 글자는 '언제나 변함없이 집 안에서 생활하시는 어머니'를 그려 '늘, 언제나, 매양, 변함없음'이란 의미를 표현한 것이다. 또 한편으로는 人 사람 인과 母 어머니 모가 합쳐진 모양을 떠올려 '어머니(母)의 사람됨(人)'은 '늘, 언제나, 매양, 변함없음'이라고 기억하면 쉽게 이해할 수 있을 것이다. '每樣 매양'이란 말을 풀면 '늘 같은 모양'이란 의미이므로 '늘, 언제나'라는 뜻을 나타낸다.

一, 口, 그리고 亅이 모인 것은 필기도구의 모양을 나타낸 것이다. 이 필기도구는 거북의 껍질(甲)이나 소의 어깨뼈(骨)처럼 딱딱한 물건에 원하는 문양을 나타낼 수 있을 정도로 날카로운 것을 가리킨다. 거기에다가 그 필기도구를 잡고 있는 손을 나타낸 又를 합쳐서 '어떤 일을 기록하고 있는 모습'을 묘사하여 '일을 하다'라는 뜻을 나타낸 글자다. 주로 국가나 상부 기

예문

事業
사업 --- 일정한 목적과 계획을 가지고 경영되는 계속적인 경제 활동.

事務
사무 --- 맡고 있는 직책에 관련되어 있는 모든 것을 다루고 처리하는 활동.

人事
인사 --- 알지 못하던 사람끼리 이름을 통하는 것이나 사람끼리 만났을 때 안부를 묻거나 공경하여 예를 표하는 것. 또한 사람에 관련한 사무를 뜻하기도 함.

事故
사고 --- 뜻밖에 일어나는 불행하거나 해로운 일.

관의 일을 하는 것을 나타낸 것이었던 관계로 이 글자에는 '섬기다'라는 뜻
도 숨어 있다. 예전에는 史역사 사, 使부릴 사, 그리고 事일 사, 이 세 글자가 모
두 비슷하게 '일을 하다, 기록하다'라는 뜻을 가진 글자였던 만큼 자세히 보
면 그 모양도 서로 비슷한 부분이 있음을 알 수 있다.

江
강물 강

工장인 공이 '만들다'라는 의미를 갖고 있는 글자란 것은 앞서 설명한 바와 같다. 이런 의미를 갖고 있는 공工과 물을 의미하는 수(氵=水)가 합쳐진 글자다. 글자 그대로 풀면 '많은 물(氵=水)이 모여서 만들어진(工) 것'이란 뜻이니 '강물'을 의미한 글자임을 금세 알 수 있다. 원래는 揚子江 양자강, 줄여서 장강을 나타낼 때만 사용하던 글자였는데 지금은 대부분의 강을 가리킨다.

江邊
강변 --- 강의 주변.

江南
강남 --- 강의 남쪽 지역.

江山
강산 --- 강과 산, 자연의 경치.

江湖
강호 --- 강과 호수. '세상'을 비유하는 말.

洞
고을 동

　물을 의미하는 氵(=水)와 同같을 동을 합친 구성이다. '같은(同) 물(氵=水, 여기선 우물을 의미)을 쓰는 지역'이란 뜻으로 보면 이해하기 쉬울 것이니 바로 공동 우물을 떠올리면 간단히 설명이 될 것이다. 사람들이 함께 모여 사는 '마을, 고을'을 의미하는 글자다. 가끔 '밝다'라는 의미로 사용할 때는 '통'이라고 발음해야 한다.

예문

近洞 근동	---	이웃 동네.
洞口 동구	---	동네 어귀.
洞窟 동굴	---	깊고 넓은 굴.
洞里 동리	---	지방 행정구역인 동과 리를 함께 부르는 말. 마을이란 뜻도 있다.

'통'이라 발음해야 하는 경우

전체를 환히 내다보아 살피는 것이나 꿰뚫어 보는 것을 말할 때 洞察통찰
이라고 하고 막힘없이 환하게 통하는 것을 일러 洞徹통철이라고 부른다.
史劇사극을 보면 臣下신하들이 임금에게 '전하! 통촉하여 주시옵소서!'라
고 하는 경우를 자주 볼 수 있다. 이때의 洞燭통촉이라고 하면 아랫사람의
형편 등을 헤아려 살피는 것을 뜻한다. 쉽게 말하면, '임금님, 저희의 형
편을 깊게 헤아려 살피어 주시옵소서'라고 청하는 것이다.

舌혀 설과 물(氵=水)이 합쳐진 구조로 혀(舌)에서 나오는 물(氵=水)이란 뜻이니 바로 '침'을 표현한 것이다. 사람이 활발하고 기운차게 이야기를 할 때 침이 튀어나오는 것을 연상하면 쉽게 이해할 수 있을 것이다. 기운이 없고 병이 생기면 혀와 입이 바짝 마르게 마련이지만 이와는 반대로 입안에 물기, 즉 침이 가득하다는 뜻이니, '살다, 생기 있다, 살아 있다'라는 뜻을 표현할 때 사용한다.

예문

活動 --- 몸을 활발하게 움직이는 것. 어떤 일의 성과를 거두기 위해 운동함.
활동

活力 --- 살아 움직이는 힘. 활동 또는 생활하는 힘.
활력

生活 --- 살아서 활동함.
생활

復活 --- 죽었다가 다시 살아남.
부활

海
바다 해

　'늘, 언제나'란 뜻을 가진 每매양 매와 물을 뜻하는 氵(＝水)가 합쳐진 구성이다. '언제나(每) 물(氵＝水)이 있는 곳'이란 뜻이니 쉽게 '바다'를 나타낸 글자임을 알 수 있을 것이다. 강물이나 호수의 경우엔 가뭄이 오래되면 바닥이 드러나는 경우가 있지만 바다의 경우엔 언제나(每) 물(氵＝水)이 채워져 있으므로 기본만 이해하면 쉽게 외울 수 있는 글자.

예문

東海 동해	---	동쪽 바다.
海岸 해안	---	바닷가의 언덕이나 기슭.
海邊 해변	---	바닷가, 또는 바닷가의 지방.
海軍 해군	---	바다에서 전투를 맡아 하는 군대. 예전의 水軍수군.

　물(氵＝水)과 옷에 묻은 진흙을 나타낸 菫진흙 근, 그리고 사람의 형태(人)를 결합하여 '진흙이 많은 강가'란 뜻을 나타냈다. 양자강의 지류인 漢水한수를 나타낸 글자인데 이 지방 출신인 劉邦유방이 여기에서 세운 나라를 漢한이라고 부른 이후로 '중국'을 나타내기도 하는 글자다. 이외에도 이 글자는 '은하수'를 나타내기도 하고, 당당히 서 있는 장성한 '남자'를 의미할 때도 사용된다.

예문

漢文 한문	---	한자로 적은 글.
漢詩 한시	---	한자로 적은 시.
銀漢 은한	---	은하수를 가리키는 말.
壯漢 장한	---	허위대가 크고 힘이 세찬 사내.

然
그럴 연

  개의 고기(犬＋肉)를 불(灬)에 구워 제사상에 바치는 광경을 표현한 것이다. 소나 양처럼 큰 동물을 바치는 큰 제사와 달리 일반적인 제사의 경우엔 개처럼 작은 크기의 동물을 희생물로 바치는 것이 '자연스럽고 당연한 일'이었다. '당연하다, 자연스럽다, 그러하다'라는 뜻을 나타내기 위해 만들어진 글자다.

예문

自然 자연	---	사람의 힘을 더하지 않고 우주 사이에 저절로 된 모든 존재나 상태.
當然 당연	---	이치로 보아 마땅히 그러할 것이란 의미.
然後 연후	---	그러한 뒤.
泰然 태연	---	태도나 기색이 아무렇지도 않고 예사로움.

뿔이 양쪽으로 자란 소의 모습인 牛소 우에 피가 뚝뚝 떨어지는 칼의 모양이 변한 勿말 물이 합쳐졌다. 하늘에 올리는 큰제사에 희생물로 바치던 가장 큰 가축인 소를 나타낸 글자다. 원래는 이렇게 '제물로 쓰인 특별한 물건'이라는 뜻을 나타낸 것이었으나 시간이 흐르면서 점점 '(일반적인) 물건'을 가리킬 때에도 사용하게 되었다.

物件   ---   일정한 형체를 갖추고 있는 모든 물질적 존재.
물건

生物   ---   스스로 영양을 섭취하며, 생장, 번식, 운동을 기본으로 하는 생활 현상을 가진 유
생물   기체. 동물과 식물로 크게 나뉨.

建物   ---   '사람이 들어 살거나, 일을 하거나, 물건을 넣어 두기 위하여 지은 집'을 통틀어 이
건물   르는 말. 建築物건축물의 줄임말.

　머리가 길게 자란 노인이 지팡이를 짚고 있는 모습이 변한 글자다. 아주 옛날, 이 글자의 기본형태가 만들어질 당시에는 평균수명이 낮았던 까닭에 나이가 많은 사람이 그리 많지 않았을 것이다.

　나이가 많다는 것을 표현하기 위해 길게 자란 머리카락을 표현한 것이다.

　나이가 많다는 것은 여러 가지 일을 겪었다는 뜻, 그러므로 '늙은 사람,

예문

元老 원로	---	어떤 분야에 오랫동안 종사하여 나이와 공로가 많고 덕망이 높은 사람.
長老 장로	---	학식이 높고 나이가 많고 덕이 높은 원로.
老年 노년	---	늘그막.
老少 노소	---	늙은이와 젊은이를 함께 부르는 말.

노인'이라는 의미는 오랜 경험을 통한 깊은 지혜를 지닌 귀한 존재를 나타
내게 된다.

老婆心노파심

老婆노파는 늙은 여자를 말한다. 연세가 높아지게 되면 상대해 주는 사람
들이 적어지다 보니 자연적으로 남의 일에 대해 필요 이상으로 참견하고
걱정하는 마음이 생긴다. 바로 그런 마음을 老婆心노파심이라고 한다.

道
길 도

머리털과 얼굴의 모양을 나타낸 首머리 수와 辶(=辵길갈 착)이 합쳐진 구성이다. 이 辶(=辵)이란 부수는 길을 나타낸 彳조금 걸을 척과 발의 형태를 그린 止그칠 지가 합쳐져 '가다, 길, 움직이다'라는 의미를 나타낸다. 즉 '사람(首)이 움직여 가야(辶) 하는 곳'이란 의미이니 바로 사람이 행해야 할 '바른 길, 즉 道理도리'라는 의미를 나타내기 위해 만든 글자다. 일반적인 '길, 도로'를 나타낼 때도 사용한다.

道德
도덕 --- 사람으로서 마땅히 지켜야 할 도리 및 그것을 실천하는 모든 행위.

道理
도리 --- 사람이 마땅히 지켜야 할 바른 길.

道路
도로 --- 사람이나 차들이 다닐 수 있는 큰 길.

車道
차도 --- 주로 차가 다닐 수 있게 만든 길.

사람이 노력을 쏟아서 농산물을 수확할 수 있도록 가꾼 땅을 나타낸 田밭전과 가래나 쟁기 등의 농기구의 형태를 그린 力힘 력을 합한 구성이다. 밭(田)에서 가래나 쟁기 등의 농기구(力)를 잡고 열심히 일하는 모습을 그려 그렇게 힘든 바깥일을 하는 사람인 '남자'를 표현한 글자다.

	예문
男子 남자	--- 남성으로 태어난 사람. 사나이. 사내.
好男 호남	--- 씩씩하고 쾌활한 남자. 好男子호남자의 준말.
男便 남편	--- 혼인하여 여자의 짝이 되어 사는 남자를, 그 여자에 대하여 일컫는 말.
美男 미남	--- 얼굴이 잘생긴 남자.

두 발을 버티고 선 모양을 나타낸 ⺌걸을 발과 말을 타거나 어딘가를 올라 갈 때 딛는 받침대의 모양을 나타낸 豆콩 두를 합친 구성을 갖고 있다. 받침 대를 밟고 올라선다는 의미이니 위쪽으로 '올라간다'는 의미를 나타내는 글자다.

예문

登校 등교	---	학생이 학교에 출석하는 것.
登山 등산	---	산을 오른다는 뜻.
登錄 등록	---	문서에 올려 싣는다는 말.
登頂 등정	---	산의 정상에 오르는 것.

百
일백 백

　엄지손톱을 그려 '하얗다, 으뜸'이란 의미를 나타낸 白흰 백 위에 '많다'는 의미로 커다랗게 둥근 모양을 그린 것이다. '으뜸(白)으로 많은 수'라는 뜻을 나타낸다. 많은 수를 의미하는 둥근 모양은 글자를 새기는 과정에서 네모로, 다시 납작해져서 一의 형태로 변하였다. 예전에는 굉장히 큰 수라고 여겨졌던 '100'을 나타낸 것이다. '많은 수, 완전한 수, 전부'라는 뜻도 가지고 있다.

예문

百方 --- 여러 가지의 방면이나 방향 또는 방법.
백방

百聞 --- 여러 번 듣는 것.
백문

百花 --- 온갖 꽃.
백화

直
곧을 직

도로를 만들거나 물건을 만드는 작업을 해 나가면서 가로(一)와 세로(丨)가 바른지, 직각(ㄴ)은 잘 맞는지 살펴보는 눈(目)을 그린 것으로 이해하면 쉽게 그 뜻을 알 수가 있는 글자다. '똑바르다, 곧다'라는 의미를 나타낸다.

예문

直線 --- 두 점 사이를 가장 짧은 거리로 연결한 선.
직선

直角 --- 서로 만나는 두 직선이 이루는 90도의 각.
직각

正直 --- 마음이 바르고 곧음.
정직

垂直 --- 직선과 직선, 직선과 평면, 평면과 평면이 직각을 이루고 있는 상태.
수직

秋
가을 추

   뜨거운 햇볕을 대신하여 사용한 火불 화와 잘 익어서 이삭이 늘어진 벼 같은 곡식의 모양을 그린 禾벼 화를 합친 구성이다. 따가운 가을 햇볕(火) 아래 이삭이 늘어진 벼(禾)를 그렸으니 곡식이 잘 익고 있는 '가을'이란 계절을 의미한 글자다. 옛 글자 중에서는 왼쪽에 있는 禾벼 화 부분이 메뚜기의 형상을 나타나는 경우도 있다. 메뚜기들이 극성을 부리는 시기를 나타낸 모양으로, 추수할 때, 즉 '가을'을 나타내기는 마찬가지다.

예문	
立秋 입추	가을의 시작을 알리는 절기. 이십사절기의 열세째. 대서와 처서 사이.
晩秋 만추	늦가을.
秋收 추수	가을에 익은 곡식을 거두어들이는 일. 가을걷이.

秋波추파

秋波추파는 말 그대로 가을철의 잔잔하고 아름다운 물결을 의미한다. 잔
잔하고 아름답다는 뜻에서 은근한 정을 나타내는 눈짓, 즉 '맑고 아름다
운 미녀의 눈길' 이란 의미를 함께 나타낸다. 여기에서 더 발전해 추파는
이성에게 관심을 끌려고 보내는 눈짓을 의미하기도 한다.

제사상을 나타낸 示보일 시에 갖가지 제물을 푸짐하게 쌓아올린 모습인 且 또 차를 결합한 형태다. 푸짐한 제사상을 받으시는 대상인 '할아버지, 조상' 을 의미하는 글자가 된다.

예문

祖父 조부	---	할아버지.
先祖 선조	---	한집안의 시조나 한집안의 조상.
祖上 조상	---	같은 혈통으로 된, 할아버지 이상의 대대의 어른.
元祖 원조	---	한 겨레의 맨 처음 조상. **鼻祖**비조. 어떤 일을 처음 시작한 사람.

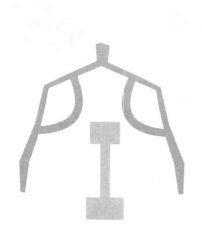

空
빌 공

　예전에 사람들이 살던 자연 상태의 동굴을 그린 모습인 穴굴혈 아래 '만들다'라는 의미를 나타낸 글자인 工장인공을 합쳤다. 穴굴혈은 자연스레 서로 기대고 서 있는 커다란 두 개의 바위 아래 만들어진 공간을 의미한다. 예전에는 그런 공간을 밑으로 더 깊게 파서 사람들이 거주할 수 있는 움집을 만들었다. '자연 상태의 굴(穴)을 사람들이 살기 편한 곳으로 만든(工) 곳'이란 의미이니 '넓어진 굴'을 떠올리면 이 글자의 의미인 '비었음'을 쉽게 떠올릴 수 있을 것이다.

예문

空間 공간	---	빈 곳이나 빈 자리.
虛空 허공	---	텅 빈 공중.
空想 공상	---	머리 속으로 떠올리는 헛된 생각.
空軍 공군	---	공중에서 전투 임무를 수행하는 군대.

성인의 모양을 나타낸 大큰 대와 땅을 그린 一하나 일을 합쳐서 만든 글자다. 땅을 딛고 선 성인남자의 모습을 그려서 '일어서다, 서 있다'라는 의미를 나타내었다.

예문

立春 --- 봄이 시작된다는 뜻을 가진 이십사절기 중 첫째 절기. 대한과 우수 사이에 자리한다.
입춘

立地 --- 농업, 공업 등의 산업 경영에 작용하는 토질이나 기후 따위의 자연환경.
입지

立場 --- 처하여 있는 형편이나 사정, 즉 處地처지란 말과 같은 뜻.
입장

竪立 --- 꼿꼿하게 세우는 것.
수립

答
대답 답

　대나무의 줄기와 이파리를 나타낸 竹대 죽과 밥그릇의 형태를 나타낸 合합할 합의 구성이다. 여기서 竹대 죽은 竹簡죽간: 종이 대신 사용한 대나무로 만든 나무쪽을 의미한다. 뚜껑 있는 밥그릇의 모양인 合합할 합을 사용하여, 뚜껑과 그릇이 딱 들어맞는 것처럼 질문에 대해 답하는 말을 죽간에 적었음을 나타내어 '대답하다, 응답하다'란 글자를 만들었다.

예문

答狀 답장	---	회답하는 편지나 편지로 회답하는 것.
正答 정답	---	옳은 답.
對答 대답	---	묻거나 시키는 말에 대하여 제 뜻을 나타내는 것.
答案 답안	---	어떤 문제에 대한 해답 내용이나 그 해답을 적은 종이.

算
셈 산

　대나무 가지를 들고(卄) 계산하는 모습을 눈(目)으로 찬찬히 살피고 있는 형상을 표현하였다. 위에 있는 竹대죽은 계산할 때 사용하던 대나무로 만든 '산算가지'를 나타낸 것이다. '세다, 계산하다'란 의미를 나타낸다. 경우에 따라 目눈목을 주판이 세워져 있는 모양으로 생각하여 주판을 손으로 잡고 계산을 한다고 생각하면 좀 더 쉽게 외울 수 있다.

예문

算數 산수	---	셈법. 수의 간단한 성질과 셈의 기초를 가르치는 과목.	計算 계산	---	숫자를 셈.
算出 산출	---	계산해 냄.	合算 합산	---	합하여 셈함.

紙
종이 지

손에 무엇인가를 들고 서 있는 사람의 모양을 나타낸 氏성 씨와 실을 나타낸 糸가는 실 사, 가는 실 멱가 합쳐진 구성이다. 종이가 없던 옛날에는 나무로 만든 목간이나 죽간, 그리고 천 위에 글씨나 그림을 그렸다. 이 글자에서 糸은 글자를 쓰거나 그림을 그릴 때 사용하던 '실로 짠 천'을 의미한다. 나중에 종이가 발명되자 종이처럼 사용하던 천을 들고 서 있는 사람의 형상을 묘사한 이 글자로 '종이'라는 뜻을 나타내었다.

예문

紙幣
지폐 --- 종이에 인쇄해 만든 화폐.

紙面
지면 --- 종이의 겉면이란 뜻으로 인쇄물의 겉면.

便紙
편지 --- 상대편에게 전하고 싶은 일 등을 적어 보내는 글.

圖畵紙
도화지 --- 그림을 그리는 데 쓰는 종이.

育
기를 육

　위에 있는 글자는 아이(子)를 거꾸로 그려 머리를 아래로 하고 태어나는 갓난아이를 표현한 형태이고 아래의 月은 몸(肉)을 말한다. 아이가 태어난 후 어느 정도 몸이 크게 되기까지 기르는 것을 표현하여 '기르다'라는 뜻을 나타내었다. 외우기 쉬운 방법으로는 아래에 있는 月을 '달'이라는 원래의 뜻대로 보고 '아이가 태어난 후 여러 달 동안 기른다'라고 해도 무방할 것이다.

예문

教育 --- 지식과 기술 등을 가르치며 인격을 길러 주는 일.
교육

育兒 --- 어린아이를 기름.
육아

育成 --- 잘 자라나도록 길러 냄.
육성

養育 --- 길러 자라게 함.
양육

自
스스로 자

이 글자는 사람의 코 형상이 변한 글자다. 홍콩이나 일본 영화를 보면 자기를 나타낼 때 집게손가락으로 자기 코를 가리키는 장면이 가끔 나온다. '얼굴의 가운데에 있는 코'를 표현하여, '나'를 나타낸 것이다.

예문

自身 자신	---	제 몸.
自己 자기	---	그 사람 자신.
自動 자동	---	스스로 움직임.
自減 자멸	---	제 스스로 멸망함.

色
빛 색

 꿇어앉아 있는 여자의 형상을 나타낸 巴땅이름 파와 남자의 형상을 그린 人 사람 인을 합친 구조로 여자를 뒤쪽에 있는 남자가 끌어안고 있는 모습을 나타낸 글자다. 육체적인 결합을 의미하는 글자인 것이다. 부끄러워하는 여자의 얼굴색이 붉어진 모습이나 아래에 설명된 혼인색 등을 생각해 보면 이 글자가 '빛, 색깔'이란 뜻을 나타낸다는 걸 쉽게 이해할 수 있을 것이다.

예문

顔色 안색 --- 낯빛, 얼굴색.

色彩 색채 --- 빛깔과 광채.

色盲 색맹 --- 빛깔을 분간하지 못하거나 다른 빛깔로 잘못 보는 상태, 또는 이런 증상이 있는 사람.

婚姻色 혼인색 --- 동물들의 경우에 주로 번식기에 나타나는 특별한 몸 색깔.

땅에서 자라나는 풀들의 모습이 변한 ⧺(=艸)와, 둥근 형태의 꽃을 그린 모양이 변한 日 그리고 식물의 줄기와 양쪽으로 갈라진 이파리의 형태를 그린 모양인 十이 합쳐진 형태로 보인다. 작은 꽃들이 핀 무성한 풀의 모습을 연상하면 이해가 쉬울 듯하다. '풀, 잡초'란 뜻을 나타내는 글자다.

예문

草地
초지 --- 풀이 나 있거나, 풀을 가꾸는 땅.

草場
초장 --- 풀을 베어서 쓰는 빈 땅.

雜草
잡초 --- 저절로 나서 자라는 여러 가지 대수롭지 않은 풀. 잡풀.

草木
초목 --- 풀과 나무.

花
꽃 화

변화하는 것을 나타낸 化_{될 화}와 풀, 식물을 뜻하는 ⼗⼗(=艸_{풀 초})를 합친 구성이다. 글자 그대로를 풀면 뜻이 되는 아주 재미있는 글자다. 풀(⼗⼗)처럼만 보이던 식물이 변한(化) 것이란 뜻이니 바로 '꽃'이라는 의미를 나타내기 위해 만든 구조인 것이다.

늘 푸른 줄기만 늘어져 풀처럼 보이던 난초 사이에서 어느 날 갑자기 고운 꽃이 피어난 것을 떠올리면 이해하기가 쉬울 것이다.

花草 화초	---	꽃이 피는 풀과 나무를 뜻하기도 하고 꽃이 없더라도 분에 심어서 구경거리가 되는 온갖 식물을 가리키는 말.
花園 화원	---	꽃동산. 꽃가게를 뜻하기도 함.
花環 화환	---	생화나 조화들을 사용하여 둥근 테나 고리 모양으로 만든 것.
國花 국화	---	한 나라를 상징하고 대표하는 꽃.

解語花 해어화

解語花해어화란 '말을 할 줄 알고 이해하는 꽃'이라는 뜻으로 '아주 아름다운 여자', 즉' 미녀'를 일컫는 말이다. 당나라 현종玄宗이 비빈妃嬪과 궁녀들을 거느리고 태액지太液池에 핀 천 송이의 연꽃을 구경하다가 양귀비楊貴妃를 가리키며 좌우에게 일러 "연꽃의 아름다움이 내 말을 이해하는 꽃과 견줄 만하도다(爭如我解語花)."라고 말했다는 고사에서 온 말로, '해어지화解語之花'라고도 한다.

記
기록할 기

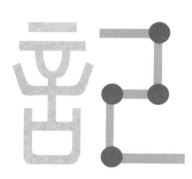

　서로 나눈 말(言)을 '기록으로 남기기 위해' 매듭을 엮고 있는 그림으로, 바로 結繩文字결승문자: 문자 대신 매듭을 묶음으로 내용을 기록한 글자를 나타낸 것이다. 글자가 발명되기 전에는 이렇게 줄에다가 매듭을 묶어서 그 매듭의 개수와 모양으로 여러 의미를 나타내었다. '적다, 기록을 하다'라는 의미를 갖고 있는 글자다.

	예문

記錄
기록
___ 무엇을 적거나 그렇게 적어 놓은 것. 경기 같은 것에서, 성적의 가장 높은 수준을 가리키거나 선수가 거둔 성적.

日記
일기
--- 날마다 생긴 일을 적은 기록.

暗記
암기
--- 외어서 잊지 아니함.

速記
속기
--- 썩 빨리 기록을 함. 특별한 기호를 이용하여 대화 내용을 적는 것.

말(言)을 할 때 혀(舌)가 움직이는 것을 나타내어 '말을 하다'라는 '행동'의 의미를 표현한 글자다. '언어' 자체를 의미하는 글자로는 다음에 배울 語 말씀 어를 사용한다. 영어로 비교하자면 話말씀 화는 동사인 'speech, speak, say, conversation' 등으로, 語말씀 어는 명사인 'language'라고 보면 이해하기 쉽다.

예문

對話 대화	---	서로 마주 대하여 이야기를 하는 것이나 그 이야기.
會話 회화	---	서로 만나서 이야기하는 것이나 그 이야기.
話題 화제	---	이야깃거리. 나누는 이야기의 주제.
談話 담화	---	허물없이 이야기를 나누거나 서로 주고받는 이야기. 어떤 일에 관한 견해나 취할 태도 따위를 공적으로 밝히는 말.

　　우선 오른쪽의 吾나 오에 대하여 설명하면, 앞에서 五다섯 오는 십진수에서 기준이 되는 十열 십을 아래 위, 두 군데로 나눈 형상임은 앞에서 설명한 바 있다. 이러한 의미에다가 말을 하는 것을 나타낸 입(口)을 합쳤으니 서로가 하는 말을 반반씩 나눈 쪽, 즉 '내가 하는 말'을 의미하여 '나, 우리'를 가리 키는 글자가 된다. 이렇게 내가 쓰는 말이란 뜻을 나타내기 위해 吾나 오와

예문		
國語 국어	---	국민 전체가 쓰는 그 나라의 고유한 말. 우리나라 말을 뜻하는 **韓國語**한국어를 줄인 말.
英語 영어	---	영국, 미국과 지난날 영국의 식민지였던 많은 나라에서 일상어로 쓰이는 말.
語彙 어휘	---	낱말의 수효나 낱말의 전체를 가리키는 말.
言語 언어	---	사람의 생각이나 느낌을 소리나 글자로 나타내는 수단.

말(言)을 합친 구성이다. '언어, 말'이란 명사적인 의미를 갖고 있다.

流言蜚語유언비어

蜚바퀴 비는 다리가 여러 개 달린 곤충의 모양을 그린 글자다. '(물처럼) 흘러 다니는 말과 (바퀴벌레처럼) 기어 다니는 말'이란 뜻이니, 분명한 증거나 사실이 뒷받침되지 않은 채 이리저리 떠다니는 헛소문이나 선동적이고 악의적인 선전문구 따위를 가리키는 말이다.

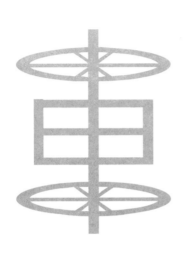

車
수레 차, 거

말이 끄는 수레의 모양을 위에서 보고 묘사한 그림이다. 위와 아래에 있는 두 개의 一들은 세워진 바퀴의 모습이고 세로줄인 丨은 바퀴와 바퀴를 연결하는 굴대, 그리고 日 가로 왈 처럼 보이는 부분은 병사들이 올라타는 부분을 나타낸다.

사람이나 짐승의 힘을 동력으로 쓰는 수레의 경우는 '거'라고 읽는 경우

예문

人力車 인력거	사람을 태우고 사람이 끄는 두 바퀴 수레.
自轉車 자전거	사람이 발로 페달을 밟아 체인으로 바퀴를 돌려서 앞으로 나아가게 만들어진 기구.
自動車 자동차	가스, 휘발유, 경유 등을 연료로 하는 엔진을 달고 그 동력으로써 바퀴를 돌려 달리게 만들어진 차.
汽車 기차	증기기관이나 디젤기관 따위를 원동력으로 하여 객차나 짐차를 끌고 궤도를 달리는 차량.

가 많고, 수레 자체를 가리키거나 자동차처럼 기계의 힘을 빌어 움직이는 경우에는 '차'라고 발음하는 경우가 많다. 그러나 牛馬車_{우마차}, 乳母車_{유모차}의 경우에서 보듯 편한 대로 '차'라고도 하고, '거'라고도 부르기 때문에 구분기준을 명확히 가르기 쉽지 않다.

農
농사 농

밭에서 곡식이 무성하게 자라난 모양을 그린 曲굽을 곡과 전복처럼 안이 움푹하게 들어가 땅을 쉽게 파낼 수 있는 도구를 표현한 辰날 신을 합친 구성이다. 辰은 원래 전복 따위의 조개껍데기를 나타내던 글자이나 여기서는 땅을 파는 데 사용하는 도구인 움푹하게 생긴 돌이나 나무, 즉 땅을 팔 수 있는 도구를 표현한 것이다. 曲굽을 곡이란 글자는 원래는 안쪽이 푹 들어간

農事 농사	---	논이나 밭에 곡류나 채소, 그리고 과일 등을 심어 가꾸는 일.
農夫 농부	---	농업에 종사하는 사람.
農業 농업	---	땅을 이용하여 인간 생활에 필요한 작물을 가꾸거나, 유용한 동물을 기르거나 하는 산업.
農村 농촌	---	농업으로 생업을 삼는 주민이 대부분인 마을.

광주리의 형태를 나타낸 형상이지만 여기서 사용된 曲_{굽을 곡}은 광주리가 아니고 밭에서 식물이 자라나는 형상을 나타낸 由_{비롯할 유}가 변형된 형태라고 봐야 한다. 즉 由_{비롯할 유}에서 밭에서 자라나는 곡식을 나타낸 한 개의 수직선을 두 개로 늘여서 그렸다는 것이다. 그러므로 이 글자가 나타내는 의미를 풀어 보면 '조개(辰)처럼 안이 패인 도구를 사용하여 땅에서 곡식(由)을 많이(曲) 자라나게 하는 일'이란 뜻이 된다. 바로 '농사, 농사를 짓다'란 뜻을 나타낸 글자다.

무릎 뼈(口)와 연결되어 있는 발, 즉 다리 전체를 나타내기 위해 발바닥 형상(止)을 길게 표현한 것이다. '발, 다리'라는 의미를 나타낸다. 옛 글자의 형태가 앞에서 설명한 正바를 정과 비슷한 까닭에 이 글자는 正바를 정에서 파생된 '바르다, 만족하다'란 뜻을 함께 갖고 있다.

예문

手足 수족	--- 손과 발. 또는 손발과 같이 요긴하게 부리는 사람.
足湯 족탕	--- 뜨거운 물에 발을 담그고 피로를 푸는 것.
駿足 준족	--- 빠른 발이란 뜻으로 잘 달리는 사람을 의미.
滿足 만족	--- 마음에 모자람이 없어 흐뭇함.

● 里 · 0

田밭전과 土흙토가 합쳐진 구성이다. 土흙토가 자연적으로 이루어진 땅을 그린 것임에 비해 사람이 인위적으로 노력하여 만들어낸 땅은 그 모양을 본떠 田밭전이라고 한다. 그 두 가지를 결합하였으니 '사람이 가꾼 (밭이 있는) 마을'을 나타낸 글자가 되는 것이다. 예전에는 '스물다섯 집이 사는 마을'을 일컫기도 하고 '360 걸음의 거리'를 나타내는 글자이기도 했다.

예문

里長
이장 --- 행정 구역의 里리의 사무를 맡아보는 사람.

鄕里
향리 --- 고향의 마을.

里門
이문 --- 골목이나 동네에 들어가는 어귀에 세운 문.

十里
십리 --- 약 4킬로미터의 거리.

重
무거울 중

　조금 복잡해 보이지만 글자를 구성하고 있는 요소들을 하나하나를 분리해 보면 쉽게 이해할 수 있는 글자다. 사람을 의미하는 人사람 인의 변형된 형태와 짐보따리를 그린 東동녘 동, 그리고 땅을 의미하는 一하나 일, 이렇게 세 가지 요소로 이루어져 있다. 풀어 보자면, 땅(一) 위에 선 사람(亻＝人)이 등에 무거운 등짐(東)을 메고 있는 모습이므로 '무겁다'라는 의미를 나타낸 글자가 된다. 또 짐이란 것은 한 번 지고 마는 것이 아니고 여러 번을 왔다 갔다 하면서 날라야 하는 까닭에 '계속되다, 겹치다'란 의미도 나타내게 되었다.

예문

重量 중량	--- 무게.	荷重 하중	--- 부담되는 무게. 구조물 따위가 받고 견딜 수 있는 무게.
體重 체중	--- 몸무게.	重厚 중후	--- 몸가짐이 정중하고 건실함.

邑
고을 읍

쭈그리고 앉아 있는 사람을 그린 巴_{땅이름 파} 위에, 특정한 지역을 의미하는 둥근 원이 변한 사각형(口)을 그려 넣은 구성이다. 巴는 일반적인 사람의 형태인 己의 형태보다 가운데 선이 하나 더 들어간 모양이므로 '크다, 뚱뚱하다, 많다'라는 의미를 나타낸다.

거기에 지역이나 공간을 나타낸 사각형이 합쳐진 이 글자는 사람들이 많

邑長
읍장 --- 지방 행정 구역인 읍의 우두머리.

祿邑
녹읍 --- 신라 시대와 고려의 한때에 벼슬아치에게 직무의 대가로 주던 논밭.

食邑
식읍 --- 옛날에 나라에서 功臣_{공신} 등에게 내려, 그곳의 조세를 개인이 받아 쓰게 하던 고을.

小邑
소읍 --- 작은 읍, 즉 작은 고을.

이 모여 사는 지역인 '고을, 마을'을 나타내게 되는 것이다.

井邑詞 정읍사

정읍사는 국문으로 표기된 가장 오래된 노래이며 현재까지 전해지는 유일한 백제의 가요다. 시조 형식의 원형을 가진 노래로서 行商행상을 나간 남편이 다른 곳으로 빠지지 말고 무사히 돌아오기를 기원하는 내용을 담고 있다. 내용은 아래와 같다.

달하 노피곰 도드샤 (달님이시여, 높이 돋아 올라)
어긔야 머리곰 비취오시라 (저 멀리까지 비춰 주세요)
어긔야 어강됴리 아으 다롱디리 (후렴)

져재 녀러신고요 (시장에 가 계신가요)
어긔야 즌대를 디디욜셰라 (아아, 더러운 곳을 딛으실까 두렵습니다)
어긔야 어강됴리 (후렴)

어느이다 노코시라 (어느 곳이든 다 놓아두고 오세요)
어긔야 내 가논 대 점그랄셰라 (아아, 내 님이 가시는데 날이 저물까 두렵습니다)
어긔야 어강됴리 아으 다롱디리 (후렴)

원래의 모양은 문틈(門)으로 보이는 달(月)의 형상을 그린 것이었다. 문이 벌어진 형상을 강조하여 '틈, 사이'란 뜻을 표현한 것인데 나중에 달의 모양(月)이 해(日)의 형상으로 변하게 되었다.

예문

時間 시간	---	때.
人間 인간	---	사람을 가리키는 말인데 사람의 됨됨이나 사람이 사는 세상이란 뜻으로도 사용됨.
間隔 간격	---	공간적인 사이. 떨어진 거리나 틈.
空間 공간	---	물리적으로나 심리적으로 널리 퍼져 있는 범위.

　주로 날씨에 관련된 자연현상을 나타낼 때 사용하는 雨비 우에 번개 모양이 변형된 형태를 더했다. 구름을 뚫고 내리 꽂히는(丨) 기후현상(雨)인 '번개, 벼락'의 모양을 나타낸 글자다. 훗날, 전기가 발견되자 '전기'를 나타낼 때도 이 글자를 사용하게 되었다. 왜냐고? 전기 역시 음극과 양극이 맞닿으면 빠지직, 불꽃이 일어나기 때문. 말 그대로 작은 번개'라고 할 만하니까.

電擊 전격	---	번개처럼 빠르게 들이침. 번개처럼 갑작스러운 공격.
電光 전광	---	번갯불. 전력으로 일으킨 빛.
電氣 전기	---	전자의 이동으로 생기는 에너지의 한 형태.
電鐵 전철	---	전기를 동력으로 이용하는 철도.

예문

　사람의 얼굴을 그린 것이 변한 글자다. 양쪽 눈을 연결한 것이 一로 변하였고 사람의 코를 중심으로 양쪽 얼굴의 선, 즉 양 볼을 그린 것이 아래의 모양으로 표현되었다. '얼굴, 낯'이란 뜻을 가진 글자다.

예문

面刀
면도
--- 얼굴에 있는 잔털이나 수염을 깎는 일이나 그때 사용하는 칼.

面識
면식
--- 얼굴을 서로 알 정도의 관계.

面會
면회
--- 얼굴을 대하여 만나 보는 것.

表面
표면
--- 겉면.

  뚜껑이 있는 그릇 안에 밥이 담겨 있는 형상을 나타낸 글자다. 뚜껑의 모양이 人사람 인의 형상으로, 밥이 담겨진 그릇의 모양이 皀어질 랑의 형태로 변한 것이다. '먹다, 밥, 식사'라는 뜻을 나타낸 글자.

		예문

食事
식사 --- 끼니를 먹는 일이나 끼니로 먹는 음식.

朝食
조식 --- 아침 식사.

飮食
음식 --- 사람이 먹고 마시는 것.

糧食
양식 --- 살아가는 데 필요한 먹을거리.

交
사귈 교

사람이 걸어가는 모양이다. '여기저기 다니다, 왕래하다'는 의미를 강조하기 위해 두 발을 앞뒤로 교차하면서 걸어가는 사람의 모양을 그렸다. '사귀다, 사귐, 엇갈리다'란 뜻을 나타낸 글자다.

예문

交際
교제
--- 사람과 사람이 서로 사귀는 것.

交友
교우
--- 사귀는 벗 또는 벗과 사귐.

社交
사교
--- 사회생활에서의 사람끼리의 사귐.

國交
국교
--- 나라와 나라 사이의 교제. 국가 간의 외교 관계.

京
서울 경

　　높은 지붕이 있고 커다란 기둥들로 이루어진 '커다란 집'의 형상을 나타
내었다. 높고 커다란 집들이 모여 있는 곳이란 의미이므로 나라의 으뜸가
는 도시인 '수도, 서울'이란 뜻을 나타낸다.

예문

北京 북경	---	중국의 수도인 베이징.
京城 경성	---	도읍의 성이란 의미로 일제 강점기에 '서울'을 부르던 이름.
東京 동경	---	일본의 수도인 도쿄.
京鄕 경향	---	서울과 시골을 합쳐 부르는 말.

今
이제금

지붕의 형태를 나타내어 특정한 장소를 의미하는 기호인 스_{삼합 집} 아래 점이나 선을 하나 그어서 '바로 지금, 현재'란 시간적 의미를 표현한 모양이 변한 것이다.

예문

今方 글방	---	바로 이제, 지금 막, 이제 곧. 方今방금.
只今 지금	---	바로 이 시간. 현재. 시방.
昨今 작금	---	어제와 오늘이란 뜻으로 '요즈음. 요사이'.
今時 금시	---	바로 지금.

代
대신할 대

사람(亻=人)이 주살(弋주살 익)을 들고 있는 모양을 나타내었다. '주살'이
란 사냥을 하려는 대상물을 맞춘 다음에 줄을 잡아당겨 다시 사용할 수 있
도록 줄이 달린 화살이나 창을 말하는 것이다. 주살을 사용하면 화살을 쏜
뒤 사람이 직접 주우러 가지 않고 '그 대신' 줄만 잡아당기면 간단히 회수할
수 있으므로 '대신하다'란 의미를 갖게 된 글자다. '세월'의 단위로 쓰이기
도 한다.

예문

代役 대역	---	연극이나 일을 함에 있어 다른 사람의 역할을 대신 하는 사람이나 그런 일.
代身 대신	---	어떤 사람이 할 일을 그 사람과 바꾸어 하는 사람. 어떤 사람이 할 일을 그 사람과 바꿔서 하는 것.
現代 현대	---	이 시대.
時代 시대	---	역사적으로 구분한 어떤 기간.

作
지을 작

乍잠깐 사는 옷을 짓는 모습을 나타낸 글자다. 거기에 사람(亻＝人)을 합한 구성이니 사람이 몸을 놀려 옷 따위를 만들어내는 것을 의미한 것이 된다. '짓다, 만들다'란 뜻을 나타내기 위해 만든 글자다.

예문

作品
작품   --- 만든 물건이란 뜻으로 특히 그림, 조각, 소설, 시 등 예술 활동으로 만든 것.

作家
작가   --- 문학이나 예술의 창작 활동을 전문으로 하는 사람.

大作
대작   --- 내용이 방대하고 규모가 큰 작품이나 뛰어난 작품.

作業
작업   --- 어떤 일터에서 일을 하는 것이나 그 일.

使
부릴 사

　'부린다'는 말은 '다른 사람에게 일을 하도록 시킨다'는 뜻이다. 글자를 쓰는 도구를 든 손으로 '일 하는 모습'을 나타낸 후 그 곁에 그 일을 할 사람 (亻＝人)을 그려서 내가 하는 것이 아니고 남에게 일을 하도록 시킨다는 것을 강조한 글자다. '사람을 부리다, 일을 시키다'란 뜻을 갖고 있다.

예문

使役 사역	---	사람을 부려 일을 시키는 것.
使命 사명	---	맡겨진 임무.
公使 공사	---	외교사절 가운데 대사 다음가는 외교관.
驅使 구사	---	마음대로 다루어 쓰는 것.

　일정 기간 동안 묻어 두거나 일정한 장소에 보관했던 시신들을 꺼내 뼈 (歹뼈 알)에 남아 있는 살을 칼(刂=刀)로 떼어 내고 뼈들을 차례로 정리하는 습골장拾骨葬을 행하고 있는 사람(亻=人)을 표현한 글자다. 이런 일들은 아무렇게나 하는 것이 아니고 하나하나 例法예법이나 前例전례에 맞춰 행해야 하기 때문에 '법식, 예, 본보기'라는 의미를 나타내게 된다.

예문

例文 예문	---	설명을 위한 본보기나 용례가 되는 문장.
用例 용례	---	실제로 쓰이고 있는 예나 전부터 써 오던 보기.
例示 예시	---	예를 들어 보이는 것.
擧例 거례	---	실례를 들어 설명하는 것.

　　사람(亻=人)이 등에 말(言)을 지고 있는 모양을 나타낸 것이다. 글이나 말(言)을 전달해 주는 사람이란 뜻이니 '편지, 서신'이라는 의미를 나타낸다. 그런데 이런 일은 진정으로 '신뢰할 수 있는 사람'에게만 맡기는 일이다 보니 '믿다'라는 의미도 나타내게 된 것이다.

예문

書信 서신	---	편지.
答信 답신	---	회답으로 서신이나 통신을 보내는 것이나 그 서신이나 통신.
信賴 신뢰	---	믿고 의지한다는 뜻.
信用 신용	---	언행이나 약속이 틀림이 없을 것으로 믿는 것이나 그 믿음성의 정도.

信의 두 가지 쓰임

편지라는 뜻으로 쓰이는 경우

우편이나 전선, 전화 등으로 정보나 의사를 전달하는 것을 通信통신이라 하고 우편, 전화 등의 매체를 통해 정보나 의견을 주고받는 것을 交信교신 이라 한다. 편지나 전보 또는 신호 따위를 띄운다는 의미는 發信발신이라 고 하고 '봄소식' 을 의미하는 花信화신은 꽃이 피는 소식이란 뜻이다. 短 信단신이라고 하면 간략하게 쓴 편지란 뜻이니 짤막하게 전해지는 소식을 뜻한다.

믿음이란 뜻으로 쓰이는 경우

自信자신이란 말은 자기의 능력이나 가치를 확신한다는 뜻이거나 스스로 믿는 바가 있음이란 의미다. 자기의 옳음을 믿어 의심하지 않는다는 것이 다. 종교나 미신 혹은 주의, 사상 등을 미칠 정도로 믿는 경우를 狂信광신 이라고 하고 옳고 그름을 가리지 않고 덮어놓고 믿는 것을 일러 盲信맹신 이라고 한다. 迷信미신은 어리석어서 그릇된 신앙을 잘못 믿는 것이나 합 리적, 과학적 입장에서 헛되다고 여겨지는 믿음을 나타내는 것을 말한다. 신의를 저버리는 것을 背信배신이라고 하고 믿지 못하여 맡기지 않는 것 을 不信任불신임이라고 하는 것이다. 자기가 믿거나 생각하는 바를 所信소 신이라고 부르고 믿을 만한 정도를 일러 信憑性신빙성이라고 한다.

光
빛 광

받침대 위에서 활활 타고 있는 햇불(火)을 나타낸 글자다. 받침대의 모양
이 사람(亻=人)의 모습으로 변했다. '빛나다, 밝다'라는 의미를 나타낸다.

光彩 광채	– – –	찬란한 빛.
光明 광명	– – –	밝고 환한 빛. '앞날의 밝은 희망' 을 비유하는 말.
夜光 야광	– – –	밤 또는 어두운 곳에서 빛을 냄, 또는 그 빛.
光復 광복	– – –	잃었던 나라와 국권을 도로 찾음.

公
공평할 공

옛 글자의 모양을 보면 하나의 물건을 똑같은 크기로 두 개로 나눈 모양에 사람의 입을 합하여 표현한 형태임을 알 수 있다. 둘로 나뉘어진 물건의 모양을 나타낸 八여덟 팔에 그 가운데에 서서 한쪽으로 치우치지 않고 공정하게 말을 하는 입(口)을 그렸으니, '공정하다, 공평하다'라는 의미를 나타낸 것이다. 공정한 입장에 서서 말하는 모양에서 '公益공익을 위해 일하다'란 의미도 갖고 있다.

예문

公正 공정	---	공평하고 올바름.
公平 공평	---	어느 한쪽에 치우치지 않고 공정함.
公務員 공무원	---	국가나 지방 공공 단체의 공무를 맡아보는 사람.
公園 공원	---	공중의 휴식과 유락, 보건 등을 위한 시설이 되어 있는 큰 정원이나 지역.

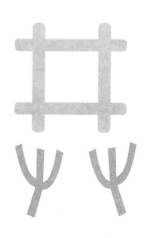

    나무로 얽어 만든 울타리나 우물 난간 등 커다란 물건을 여러 사람들이 손을 모아 들어 올리는 모습을 나타낸 것이다. 서로 협력을 하여 어려운 과업을 수행한다는 의미이니, '여럿이, 함께'라는 뜻을 나타내기 위해 만든 글자다.

예문		

共有
공유 --- 여러 사람들이 한 물건을 공동으로 소유함.

共同
공동 --- 두 사람 이상이 동등한 자격으로 결합한 것.

共通
공통 --- 여럿 사이에 두루 통용되거나 관계되는 것.

共生
공생 --- 서로 같은 곳에서 생활함. 서로 다른 종류의 생물이 서로 이익을 주고받으며 한곳에서 사는 일.

分
나눌 분

커다란 하나였던 물체를 칼(刀)로 잘라 작은 두 개로 나뉜 후의 모습을 그린 것이다. 왼쪽 하나, 오른쪽 하나, 두 개로 나눠진 형상이 八 여덟 팔로 바뀌었다. '나누다'라는 의미를 나타낸다.

		예문
分離 분리	---	따로 나뉘어 떨어지게 하거나 따로 떨어지는 것.
內分 내분	---	수학에서, 하나의 선분을 그 위의 임의의 한 점을 경계로 하여 두 부분으로 나누는 것.
分別 분별	---	사물을 공통되는 성질에 따라 종류별로 가르는 것.
分數 분수	---	자기의 처지에 마땅한 한도.

別
다를 별, 나눌 별

다리뼈(足)가 변한 모습과 칼(刂=刀)를 더해 짐승의 몸체로부터 다리를 잘라 내는 것을 나타낸 글자다.

제사에 바쳐진 제물이나 사냥을 나가 잡아온 짐승을 나누기 위해 칼(刂=刀)을 이용해 다리를 몸체로부터 분리하고 있는 모습을 그려 '분리하다, 나누다'란 의미를 나타낸 것이다. 몸통에서 분리된 다리들은 남아 있는 몸뚱

예문

別種 별종	– – –	다른 종자나 다른 종류. 예사 것과 비교했을 때 확연히 구별되는 특이한 종류나 종자.
別味 별미	– – –	특별히 좋은 맛이나 그런 음식.
別食 별식	– – –	늘 먹는 음식이 아닌 색다른 음식.
特別 특별	– – –	보통과 아주 다름.

이와 확연하게 구분이 되었기 때문에 '다르다'라는 의미도 갖게 되었다.

'나눔'과 관련한 別과
'헤어짐'과 관련한 別

分別분별이란 서로 다른 것을 따로따로 가르는 것을 뜻하는 것이고 區別구별은 서로 다른 것끼리 갈라 놓는 것을 말한다. 사물의 옳고 그름, 좋고 나쁨, 같고 다름 따위를 가려 아는 것을 일러 辨別변별이라고 하고 識別식별은 알아서 구별한다는 것을 가리킨다. 서로 차이를 두어 구별하는 것을 일러 差別차별이라고 한다.

離別이별은 만나지 못하리라 생각하고 헤어지는 것을 뜻하고 作別작별이란 이별의 인사를 하는 것이나 서로 헤어지는 것을 말한다. 아주 헤어지거나 갈라서는 것을 訣別결별이라고 한다. 惜別석별은 이별하기를 애틋하게 여긴다는 뜻이나 그러한 이별을 뜻한다. 別世별세라고 하면 '세상을 떠난다'는 뜻으로 윗사람의 죽음을 일컫는 말이다.

利
이로울 리

잘 익은 벼(禾)를 잘라 내는 칼(刂=刀)을 뜻하는 글자다. 질긴 벼의 줄기를 아주 잘 벨 수 있도록 예리하게 만든 칼을 뜻하는 것이니 '날카롭다'란 뜻을 갖고 있다. 또한 날카로운 도구는 사람의 일을 쉽게 처리할 수 있도록 도와주기 때문에 '이롭다'란 뜻도 함께 가지고 있는 글자다.

예문

有利 --- 이로움이 있음, 또는 그 이로움.
유리

利益 --- 이롭고 도움이 되는 일.
이익

利點 --- 이로운 점.
이점

銳利 --- 칼날이나 감각이 날카로움.
예리

功
공로 공

　사람이 사용하는 도구를 나타낸 力_{힘 력}과 어떤 것을 만들어 내는 것을 의미하는 工_{장인 공}을 합쳐서 만든 구조다. 힘(力)을 많이 들여 어떤 일을 해낸 (工) 것을 나타냈으니 '공로, 공훈'이라는 뜻을 표현한 글자가 된다.

예문

功勳 공훈	---	나라나 조직에 드러나게 세운 공로.
功勞 공로	---	어떤 일에 이바지한 공적과 노력.
成功 성공	---	목적한 바나 뜻을 이룸.
武功 무공	---	전쟁에서 세운 공적.

227

勇
날랠 용

사람의 모양(人)과 用쓸 용, 그리고 力힘 력이 합쳐진 모양이다. '써야 할 곳
(所)이나 써야 할 때(時)에 맞춰 적절하게 힘(力)을 사용(用)하는 사람(人)'
이라고 보면 이 글자가 갖고 있는 의미를 파악할 수 있다. 자기의 힘이 크다
고 해서 아무 때나 무력을 휘두르는 사람을 용기가 있다고 하지 않는다. 진
정한 용기를 가진 사람이 되기 위해선 그 힘을 바르게 사용할 수 있는 '지
혜'를 갖추어야 하는 법. '날래다, 용기, 능력'이란 뜻을 표현한 글자다.

예문

勇士 용사	---	용기가 있는 사람.
勇氣 용기	---	씩씩하고 굳센 기운.
勇猛 용맹	---	용감하고 사나움.
勇敢 용감	---	씩씩하고 겁이 없으며 기운차다.

勝
이길 승

배(舟)의 모양이 변한 月과 배를 전진시키기 위해 노를 젓고 있는 손의 모양, 그리고 힘(力)을 더한 형상이다. 있는 힘을 다해 노를 저어 배를 빨리 나아가게 하는 모양으로 '이기다'라는 의미를 표현한 글자다.

예문

勝利
승리 --- 싸움이나 전쟁 등의 승부에서 이김.

必勝
필승 --- 반드시 이김.

勝負
승부 --- 이김과 짐.

決勝
결승 --- 마지막 승부를 가리는 것.

區
구분할 구

　귀한 토기그릇이 여러 개 놓인 것을 나타낸 品물건 품과 물건을 두는 특정한 공간이나 일정한 장소를 나타낸 匚감출 혜를 합한 구성이다. 여기에서 品물건 품은 각각 다른 내용물을 담고 있는 그릇들을 가리키는 것이다. 그릇에 담긴 것들은 주로 각각의 종류에 따라 따로 담아 놓은 곡식들을 의미한다. 쌀, 보리, 수수, 조 등 각각의 종류에 따라 구분하여 담아 놓은 그릇들을 한 곳에 모아 놓은 장소를 표현한 글자다. 시골의 장독대나 곳간을 떠올리면 쉽게 이해할 수 있을 것이다. '구분하다, 나누다, 가르다'라는 뜻을 나타낸다.

예문

區分 구분	---	따로따로 갈라서 나누는 것.	區域 구역	---	갈라 놓은 지역.
地區 지구	---	어떤 일정한 구역이나 일정하게 구획되어진 구역.	區別 구별	---	종류에 따라 갈라 놓는 것.

半
반 반

   두 개로 나눠진 물건을 나타낸 八과 가운데란 뜻을 나타낸 丨, 그리고 나뉜 결과를 나타낸 二가 합쳐진 구성이다. 풀이를 해 보면, 가운데를 중심으로(丨) 어떤 물건을 두 개(二)로 나눈(八) 결과를 나타낸 것이다. '절반, 즉 $\frac{1}{2}$'를 나타내기 위해 만들어진 글자다.

예문

半身浴
반신욕 --- 가슴 아래만 뜨거운 물에 담그고 하는 목욕.

半分
반분 --- 반으로 나누는 것.

半開
반개 --- 반 정도 벌리거나 열린 것.

半島
반도 --- 대륙에서 바다 쪽으로 길게 뻗어 나와 3면이 바다인 큰 육지.

상대를 막고 있는 방패의 모습이 변한 厂_{언덕 한}과 방패를 들고 있는 손이 변한 又_{또 우}가 합쳐졌다. 방패를 들고 상대방을 막고 있는 형상이니 마주한 상대방과 입장이 정반대라는 것을 나타내어 '거꾸로, 반대'라는 의미를 강조한 글자를 만든 것이다.

예문

反對
반대 --- 사물의 위치, 방향, 순서 따위가 정상이 아니고 거꾸로 됨, 또는 그러한 상태. 어떤 의견이나 제안 등에 찬성하지 아니함.

反省
반성 --- 자기의 언행이나 생각 따위의 잘잘못이나 옳고 그름을 깨닫기 위해 스스로를 돌이켜 살핌.

謀反
모반 --- 나라나 임금을 배반하여 군사를 일으킴.

反逆
반역 --- 통치자에 반대하여 나라 다스리는 권한을 빼앗으려고 함.

옛 글자를 보면 특정한 지점에 막대기를 꽂은 형상임을 알 수 있다. 조상들을 묻은 무덤(口)을 표시하기 위해 무덤 주변에 긴 나무 막대기(丨)를 세운 것을 묘사하여 '예전, 조상, 선조'라는 뜻을 나타내는 글자다. 표시로 세워 놓은 긴 나무막대기(丨)의 모양이 十자의 형태로 바뀌었다.

예문

古典 고전	---	고대의 **典籍**전적을 뜻하는 것으로서 후세 사람들의 모범이 될 만한 가치를 지닌 문예 작품.
古代 고대	---	옛 시대. **古世**고세.
上古 상고	---	오랜 옛날. **上世**상세.
古家 고가	---	지은 지 오래된 집.

아래로 내려가는 발을 그린 모습과 일정한 장소를 그린 것이 변한 口가 합쳐진 구성이다. 자신들의 움집(口) 안으로 '제각기' 들어가는 사람의 발(夂)을 표현하여 '각각, 제각기'라는 뜻을 나타낸 글자다.

各自
각자 --- '각각의 자기'란 뜻이니 '제각기, 저마다, 따로따로'라는 의미.

各各
각각 --- 사람이나 물건의 하나하나. '제각기, 따로따로, 몫몫이'.

各界
각계 --- 사회의 여러 분야.

各樣
각양 --- 갖가지 모양, 여러 가지.

합할 합

밥을 담는 그릇(口)에 뚜껑(亼)을 덮은 모양이다. 두 가지가 합쳐진 모양을 나타내어 사물이 '합쳐지다, 모이다'라는 의미를 그렸다.

		예문

統合
통합 --- 모두 합쳐 하나로 만드는 것.

合一
합일 --- 합하여 하나가 된다는 것이나 하나로 합치는 것.

合體
합체 --- 합쳐서 하나가 됨, 또는 그렇게 만드는 것.

合計
합계 --- 합하여 셈함, 또는 그 수나 양. 合算합산.

向
향할 향

걸어가고 있는 사람의 형상(人)이 변한 기호와 일정한 목적지를 나타낸 둥그런 원이 변한 사각형(口)을 합친 구성이다. 사람이 일정한 목적지를 향해 걸어가고 있는 형상을 나타내어 '향하다, 방향'이라는 의미를 표현한 글자다.

예문

方向 --- 향하거나 나아가는 쪽. 方位방위.
방향

向上 --- 기능이나 정도 따위가 위로 향하여 나아감. 즉 좋아진다는 것이나 나아진다는 뜻.
향상

傾向 --- 마음이나 형세 따위가 어떤 방향으로 기울어 쏠리는 것이나 그런 방향.
경향

意向 --- 뜻이 향하는 바. 무엇을 어떻게 할 것인가에 대한 생각.
의향

和
화할 화

　원래는 벼(禾) 옆에 피리를 의미하는 龠피리 약을 합하여 추수가 끝난 후 노래와 춤을 추며 '화목하게' 즐기고 있는 모습을 나타낸 것이다. 그런데 龠피리 약의 모양이 복잡하다 보니 나머지는 생략하고 피리에 난 구멍 하나만을 강조하여 동그란 모양만을 남겼는데 그 모양이 변하여 口의 형태가 되었다. '화목하다, 화합하다, 서로 응하다'란 의미를 갖고 있는 글 자다.

예문

和睦 화목	---	뜻이 맞고 정다움.
和合 화합	---	和同화동하여 합함.
和氣 화기	---	온화한 기색, 또는 화목한 분위기.
溫和 온화하다	---	마음이 온순하고 부드러움.

커다란 둥근 원으로 일정한 공간을 나타낸 口에울 위와 옷을 잘 차려입은 사람을 나타낸 袁옷이 길 원을 합쳤다. 멋지게 차려입은 사람(袁)이 이리저리 돌아다니고 있는 공간(口)이란 의미이니 이 글자가 나타내고 있는 '동산, 공원'이라는 뜻을 쉽게 이해할 수 있을 것이다.

예문

公園 공원	---	공중의 휴식과 유락, 보건 등을 위한 시설이 되어 있는 큰 정원이나 지역.
園藝 원예	---	채소나 화훼, 과수 따위를 심어 가꾸는 일, 또는 그 기술.
果樹園 과수원	---	과실나무를 재배하는 농원.
樂園 낙원	---	아무 근심 걱정 없이, 즐거움이 넘쳐흐르는 곳, 즉 안락하게 살 수 있는 곳. 理想鄕 이상향.

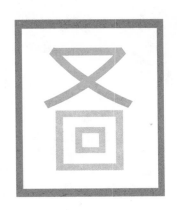

넓은 종이(囗)에 건물을 나타낸 네모난 모양과 길을 나타낸 직선을 그려 넣은 형상이다. '그림, 지도, 그림을 그리다, 도모하다'라는 뜻을 나타낸 글자다.

예문

圖面 도면	---	토목, 건축, 기계, 토지, 임야 등의 구조나 설계 등을 그린 그림.
地圖 지도	---	지구 표면의 일부나 전부를 일정한 축척에 따라 평면 위에 나타낸 그림.
略圖 약도	---	요점이나 요소만을 간략하게 나타낸 그림.
圖書 도서	---	서적, 글씨, 그림 따위를 통틀어 이르는 말.

在
있을 재

사람이 걸어가고 있는 모양인 才_{재주 재}와 땅을 나타낸 土_{흙 토}를 더한 글자다. '있다, 존재하다'라는 뜻을 표현하기 위해 사람이 땅 위에서 걸어 다니거나 서 있는 모양을 표현한 것이다.

예문

存在
존재 --- 실제로 있다는 말이거나 실제로 있는 그것을 뜻하는 말.

在野
재야 --- 공직에 있지 않거나 정치 활동에 직접 나서지 않고 있음.

在學
재학 --- 학교에 학적을 두고 공부하는 것.

在職
재직 --- 어떤 직장에 근무하거나 어떤 직무를 맡고 있음.

堂
집 당

　尙 숭상할 상은 떠받드는 대상이 다리를 딱 벌리고 양팔을 무릎 위에 올려
놓은 채 의자에 당당히 앉아 있는 모습(尙)을 나타낸 글자다. 공자나 관우
운장을 모시는 사당을 보면 이런 모습을 직접 볼 수가 있다. 존경하는 사람
(尙)을 기리기 위해 흙(土)을 높이 쌓아올려 그 위에 세운 '커다란 집'을 이
르는 글자다.

예문

祠堂 사당	─ ─ ─ 신주를 모신 집, 또는 신주를 모시기 위하여 집처럼 자그마하게 만든 것.
講堂 강당	─ ─ ─ 강연, 강의, 의식 등을 하기 위하여 특별히 마련한 큰 방.
明堂 명당	─ ─ ─ 좋은 묏자리나 집터.
正正堂堂 정정당당	─ ─ 태도, 처지. 수단 따위가 꿀림이 없이 바르고 떳떳하다.

多
많을 다

벗짚단 같은 곡식이나 다른 필요한 물건들을 나타낸 네모난 형태가 층층이 쌓여 있는 형상이다. 벗짚단이 비스듬하게 쌓인 것을 나타내기 위해 네모난 형태가 약간 비스듬하게 묘사되어 夕저녁 석처럼 보이게 되었다. 먹을 것 따위가 많이 비축되어 있음을 표현한 것으로서 '많다, 넉넉하다'란 의미를 갖고 있는 글자가 된다.

예문

多産　--- 자손을 많이 낳음.
다산

多幸　--- 일이 잘 되어 좋음. 뜻밖에 잘 되어 좋음.
다행

多少　--- 많음과 적음이란 뜻이니 '조금, 약간, 어느 정도.'
다소

許多　--- 매우 많다. 수두룩하다.
허다하다

夜
밤 야

걸어가는 사람(大)의 모양이 변한 형태와 그 뒤에 떠 있는 달(月)의 모양
이 변한 것이 합쳐졌다. 달이 환하게 뜬 '늦은 밤'에 걸어가는 사람의 모양
으로 '야간, 밤'이란 뜻을 의미한 글자다.

예문

深夜 심야	---	깊은 밤.
夜勤 야근	---	밤에 근무하는 것.
除夜 제야	---	섣달 그믐날 밤.
夜行 야행	---	밤에 나다니거나 활동하는 것.

太
클 태

옛 글자의 형태는 大큰대의 안쪽에 두 개의 네모가 그려진 모습이었다. 두 개의 네모를 그려서 뭔가를 쌓은 형상을 나타낸 후에 그 위에 올라가서 서 있는 사람을 나타낸 大큰대를 그린 것이다. 나중에 아래에 있던 두 개의 네모가 점 두 개로 생략되더니 결국은 지금의 형태처럼 하나의 점으로 줄었다. 大큰대보다 더 '크다'는 의미를 나타내는 글자다. 생선 중에서 '명태'를 나타낼 때도 사용하고 농산물 중에선 '콩'을 표현할 때 빌려서 사용하기도 한다.

예문

太初
태초 ---- 천지가 처음 열린 때.

太陽
태양 ---- 태양계의 중심을 이루는 해.

太祖
태조 ---- 나라를 처음으로 세운 임금에게 올린 묘호.

太極旗
태극기 ---- 우리나라의 국기.

失
잃을 실

　丨뚫을 곤의 변형된 모양과 손을 나타낸 手손 수가 합쳐진 구성이다. 丨뚫을 곤의 변형된 형태는 손에 꽉 쥐고 있던 물건이 빠져나가는 모습을 그린 것이다. 손에 쥐고 있던 것이 빠져나가 버렸음을 표현하여 '잃다, 빠뜨리다'라는 뜻을 나타낸 글자다.

예문

失手 실수	---	부주의로 잘못을 저지르는 것이나 그 잘못.
得失 득실	---	얻음과 잃음, 이익과 손해를 함께 아울러 부르는 말. 利害이해.
紛失 분실	---	자기도 모르는 사이에 잃어버리는 것.
失點 실점	---	경기 따위에서 점수를 잃는 것, 또는 그렇게 잃은 점수.

始
비로소 시

성인 여자를 뜻한 女여자 녀와 合합할 합이 변한 台별 태가 합쳐진 구성이다. 여자와 합해졌다는 뜻이니 곧 '결혼을 한 것'을 나타낸 것이다. 그전까지는 부모의 밑에서 생활하다가 결혼을 기점으로 하여 비로소 자신들만의 가정을 이루게 되었음을 나타낸 글자이니 당연히 '시작하다, 처음'이란 의미를 가진다. 한자를 옮겨 적는 과정에서 合합할 합이 모양이 비슷한 台별 태로 변한 것으로 보인다. 이와 비슷한 예로는 怡기쁠 이가 있다. 원래의 의미는 忄마음 심과 合합할 합의 구성이었을 것이다. 서로 마음으로 부합하였음을 나타낸 것이니 아주 기쁘다는 의미이다.

예문

始作 시작	---	어떤 일을 처음으로 하는 것.	開始 개시 --- 행동이나 일 따위를 처음 시작함.	
始終 시종	---	처음과 끝. 始末시말.	原始 원시 --- 사물의 처음.	

185 ● 子·7

孫
손자 손

子아이 자와 系이을 계, 두 가지 의미로 이루어진 형태라서 잠깐 보기만 해도 금세 나타내고자 하는 의미가 떠오를 것이다. 내 자식(子)을 이은(系) 존재란 뜻이니 바로 '손자'를 의미하는 글자인 것이다.

예문

孫子
손자 --- 아들 또는 딸의 아들.

曾孫
증손 --- 아들의 손자, 즉 손자의 아들. 증손자.

祖孫
조손 --- 할아버지와 손자를 아울러 말하는 것.

孫婦
손부 --- 손자의 아내, 즉 손자며느리.

定
정할 정

　지붕과 양옆의 벽을 그려 집을 의미하는 宀집 면과 똑바로 걸어가는 발걸음을 나타낸 疋필 필, 발 소이 합쳐진 구성이다. '정해진 바대로 집을 향해 돌아간다'는 것을 표현한 글자다. 전쟁을 위해 먼 길을 나섰던 경우나 먹을 것을 구하기 위해 몇 날 며칠을 돌아다녀야 했던 사냥 길에서 목적한 바를 이루거나 일을 마치고 나면 모두들 가족들이 기다리고 있는 집으로 돌아가게 마련인 것. 어떤 경우에도 집으로 가는 것은 정해진 바이므로 '정하다'라는 뜻을 나타내고 있는 글자다.

예문

安定
안정 --- 흔들림이 없이 안전하게 자리 잡는 것.

決定
결정 --- 결단을 내려 확정하거나 그 확정한 내용.

設定
설정 --- 새로 마련하여 정함.

定員
정원 --- 일정한 규정에 따라 정해진 인원.

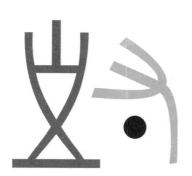

　옛 글자를 보면 종이나 북을 매다는 나무틀(業종 다는 널 업)을 손으로 세우고 있는 모양임을 알 수 있다. 두 개의 나무틀을 양쪽에서 마주 세운 후 가운데 가로지른 나무에 북이나 종을 매달기 때문에 '마주하다, 대하다'라는 의미를 나타낼 때 사용하게 된 글자다.

예문

對備 대비	---	앞으로 생겨날 어떤 일에 대응하여 미리 준비하는 것.
對抗 대항	---	서로 맞서서 버티거나 상대하여 승부를 겨룸.
相對 상대	---	서로 마주 대하거나 그렇게 하는 대상.
對立 대립	---	서로 맞서거나 버틴다는 뜻으로 서로 반대되거나 모순되는 관계.

席
자리 석

집 안(广)에 있는, 천(巾)으로 된 사각형의 물건이란 의미이니 바로 사람이 깔고 앉는 '방석'을 표현한 글자다. '특정한 자리'를 의미하기도 한다.

예문

方席
방석 --- 앉을 때에 깔고 앉는 네모꼴의 작은 자리.

坐席
좌석 --- 앉는 자리. 여럿이 모인 자리.

席次
차석 --- '首席수석'에 해당하는 직위의 다음 직위나 그런 사람.

立席
입석 --- 서서 타거나 구경하는 자리.

톡!톡!
상식

野壇法席야단법석

원래는 불교용어로 '야외에 단을 차려 베푼 설법장'을 가리키는 말이다. 넓은 야외에 사람들이 많이 모이다 보니 소란스러워지는 것은 당연한 일. 요즘은 '여럿이 많이 모인 까닭에 퍽 소란스러움'이라는 표현으로 많이 쓰인다.

幸
다행 행

　죽은 사람을 표현하기 위해 사람을 거꾸로 그린 모양 위에 달려가는 사람의 모양(大)을 합한 구성이다. 예전에는 계속되는 전쟁이나 각종 전염병으로 인해 한꺼번에 많은 사람들이 죽는 경우가 많았다. 그렇게 위험한 경우에 빠지지 않고 생명을 보존하였음을 표현하기 위해 죽음을 피해 '달아난다'는 의미를 나타낸 것이니 옛사람의 슬기에 새삼 감탄을 금할 수 없다. '다행스럽다, 행복, 행복하다'란 뜻을 나타낸 글자다.

예문

幸運 행운	---	좋은 운수나 행복한 운수.
幸福 행복	---	복된 운수.
多幸 다행	---	뜻밖에 일이 잘 되어 좋음.
不幸 불행	---	행복하지 아니함. 운수가 나쁨.

度
헤아릴 도

　창고나 곳간(广) 안에서 됫박 따위를 손으로 잡고(又) 퍼내면서 곡식의
양을 재는 모양이니 '헤아리다, 재다, 정도'라는 뜻을 나타낸 것이다. '헤아
리다'라는 의미로 쓸 때엔 '탁'이라고 읽는 경우도 있다.

	예문
尺度 척도	--- 자로 재는 길이의 표준. 무엇을 평가하거나 판단할 때의 기준.
度量 도량	--- 길이를 재는 것과 양을 재는 것. 너그러운 마음과 깊은 생각. 아량.
忖度 촌탁	--- 남의 마음을 미루어 헤아린다.
豫度 예탁	--- 미리 헤아린다.

庭
뜰 정

　집을 나타낸 广_{집 엄}과 사람이 걸어가는 것을 그린 廴_{길게 걸을 인}, 그리고 '특별한 옷'을 입은 사람의 모양을 나타낸 壬_{아홉째 천간 임}이 합쳐진 구성이다. 여기서 특별한 옷을 입은 사람은 '관리'를 가리킨다. 즉 '관리가 걸어서 도착하는 곳'이란 의미를 나타낸 것이다. 이 글자는 해석에 따라 의미가 달라진다.

　예컨대 이 글자를 관리가 '일을 하기 위해 출근하는 곳'을 그린 것으로

예문

家庭
가정 　- - - 가족이 함께 생활하는, 사회의 가장 작은 집단.

庭園
정원 　- - - 뜰, 특히 잘 가꾸어 놓은 넓은 뜰.

校庭
교정 　- - - 학교의 뜰이나 운동장.

法庭
법정 　- - - 법관이 재판을 행하는 장소. 재판정.

생각하면 나랏일을 하는 넓은 뜰이 있는 곳, 즉 '조정'을 나타낸다. 조정이나 궁궐 등 나랏일을 하는 공간은 그곳을 지키는 병사들을 조련하는 넓은 공간, 즉 '뜰'이 있게 마련이므로 '조정, 뜰'이란 의미를 갖게 되었다. 이와는 달리 이 글자를 보고 '관리가 일을 마치고 가는 장소'로 풀게 되면 바로 '집, 가정'을 가리키는 글자가 되는 것이다.

式
법 식

　줄이 달린 화살, 즉 주살을 나타낸 弋주살 익과 어떤 물건을 만들어 내는 것을 뜻하는 工장인 공을 합한 구성이다. 주살은 줄이 달려 있으므로 목표물을 향해 쏜 다음에 줄을 잡아당기면 꿰뚫린 목표물과 함께 회수할 수 있는 효율적인 무기다. 그런 만큼 정교한 제작 과정이 필요하게 마련. 주살의 길이나 굵기, 줄을 묶는 위치, 그리고 주살의 성분 등 최적의 제작법을 적어야 했을 것이다.

예문

公式 공식	---	公的공적으로 규정한 형식. 또 수학에서는 계산의 법칙 따위를 기호로 나타낸 것.
式順 식순	---	儀式의식의 진행 순서.
卒業式 졸업식	---	학교에서, 소정의 과정을 마친 사람에게 졸업장을 주는 의식.
方式 방식	---	어떤 일정한 형식이나 방법.

물론, 이런 과정은 꼭 주살이란 도구만을 위한 것이 아니고 각종 무기나 실생활에 필요한 도구를 제작하는 일에 있어 모두 필수적이다. 도구나 무기가 균일한 성능을 나타낼 수 있게 하기 위해선 '만드는 방법, 즉 기본적 원칙이나 공식'이 통일되어 있어야 하므로 위와 같은 내용을 표현한 글자로 '법, 공식'이라는 의미를 나타내게 되었다.

弱
약할 약

　새의 날개가 아래로 축 늘어진 형상을 표현한 것이다. 어린 새끼이거나 병이 들어 날개를 움직이지 못하고 축 처져 있는 모양을 나타내어 '느슨함, 약함'을 의미하는 글자를 만들어 낸 것이다.

弱體
약체 --- 약한 몸. 허약하여 남과 대항할 수 없는 조직이나 체제 따위.

弱骨
약골 --- 몸이 약한 사람, 약한 몸.

衰弱
쇠약 --- 쇠퇴하여 약해짐.

老弱
노약 --- 늙은이와 연약한 어린이, 또는 병약한 사람을 아울러 말하는 것. 늙어서 기운이 쇠약해진 것이나 그렇게 된 사람.

옛 글자를 보면 쟁기질을 하고 있는 사람의 모습으로 '크다, 넓다'라는 뜻을 가진 弘넓을 홍에 벌레의 형상인 虫벌레 충. 벌레 훼을 합친 것임을 알 수 있다. 벌레 중에서 사슴벌레나 하늘소같이 껍질이 딱딱하고 힘이 센 벌레, 즉 커다란 갑충류를 표현하여 '강하다, 굳세다'란 의미를 표현한 글자다.

	예문

強健
강건 --- 몸이 튼튼하고 굳셈.

莫強
막강 --- 더할 수 없이 강함.

強弱
강약 --- 강함과 약함, 또는 강자와 약자를 아울러 이르는 말.

強弓
강궁 --- 탄력이 매우 세고 큰 활.

형
모양 형

왼쪽의 형상은 여러 개의 나무를 엮어 놓은 형상을 나타낸 것이다. 옛 글자의 형태를 살펴보면 이 글자는 집을 짓기 위해 여러 개의 기둥을 보기 좋게(彡) 연결하여 세운 모양을 나타낸 것임을 알 수 있다. 기둥이 흔들리지 않게 서로 잘 맞춰 세워야 아주 오래가는 튼튼한 집을 만들 수 있는 법. 한자에서 彡터럭 삼은 나이든 사람의 멋지게 자란 수염이나 길게 난 머리털 모양을 나타낸 것으로서 '보기 좋다, 아름답다, 좋다'라는 의미를 나타내는 경우가 많다. '모양, 생김새, 형상, 형태'이란 의미를 갖게 된 글자다.

예문

形態 형태	---	사물의 생긴 모양. 생김새.
象形 상형	---	어떤 물건의 모양을 본뜸.
形容 형용	---	생긴 모양. 사물의 모양을 표현함.
原形 원형	---	변하기 전의 본디 모양.

오른쪽 글자인 寺절 사는 원래는 '관청'을 나타낸 글자였다. 손(寸)과 발 (止)을 합쳐서 만든 글자(寺)로, 지금의 구청이나 시청처럼 중앙정부의 일 을 대행하는 지역관청을 의미한 것이다. 관청(寺)에서 나온 사람이 누군가 를 마중하기 위해 사거리(彳)에 나와 있는 모습을 그려서 '기다리다, 접대 하다'라는 의미를 갖고 있다.

	예문

待機 대기	---	때나 기회를 기다림.
接待 접대	---	손님을 맞이하여 시중을 드는 것.
待遇 대우	---	어떤 사회적 관계나 태도로 남을 대하는 것.
優待 우대	---	특별히 잘 대우함, 또는 그러한 대우.

관청을 뜻했던 寺사가
절로 바뀌게 된 동기

외국 사신들이 오면 머무르던 홍려시(鴻臚寺: 관청을 뜻할 때에는 寺를
'시'라고도 읽는다)란 관청이 있었는데 한번은 印度인도의 사신으로 스님
들이 오게 되었다. 관례에 따라 당연히 홍려시에서 머무르게 되었고 자주
이런 경우가 생기자 아예 그 옆에 白馬寺백마사라는 '절'을 지어 승려들만
을 위한 숙소를 만들었던 것이 寺의 뜻이 바뀌게 된 계기가 된 것이다. 이
런 관계로 지금 사용하는 한자 중에 寺절 시가 들어간 글자는 거의 대부분
관청과 관련된 경우가 많다. 예를 들면 관청(寺)에서 사용하던 문장(言)의
종류인 詩시 시, 그리고 관청(寺)에서 사람(亻)이 일을 하고 있는 모습을 나
타낸 侍모실 시 등을 들 수 있겠다.

郡
고을 군

　왼쪽에 있는 글자는 지팡이나 지휘봉 따위가 변한 丨과 그것을 잡고 있는 손의 모양이 변한 ⺕가 합쳐진 형상인 尹다스릴 윤과, 호령하는 입(口)을 합친 것이다. 바로 다스리는 사람을 의미하는 君임금 군이 된다. 거기에다가 사람들이 모여 사는 마을을 표현한 阝(=邑마을 읍)을 합친 구성이니, 이 글자는 여러 사람이 모여 사는 행정구역인 '고을, 마을'이란 뜻을 나타내는 것이다.

예문

郡守
군수　--- 郡군의 행정 사무를 맡아보는 군청의 책임자.

郡廳
군청　--- 郡군의 행정 사무를 맡아보는 관청.

部
떼 부

일정한 높이(口)를 딛고 서 있는 사람(立)을 그려 '많다, 높다'란 의미를 나타낸 후, 그 우측에 사람들이 모여 사는 곳인 ß(＝邑고을 읍)을 합쳐 놓은 구성이다. 많은 사람들이 모여 있다는 것을 그려 '떼, 무리'란 의미를 갖게 된 글자다.

部族 ___ 조상이 같다는 생각으로 뭉치고, 공통의 언어와 종교 등을 가지며, 하나의 정치적
부족　　　통솔 아래에 있는 지역적 생활 공동체.

部分 --- 전체를 여러 가지로 갈라 분류한 작은 범위나 그렇게 나눈 하나하나.
부분

部署 --- 기관, 기업, 조직 따위에서 일이나 사업의 체계에 따라 나뉘어 있는, 사무의 각 부문.
부서

部門 --- 전체를 여러 가지로 갈라 분류한 하나하나의 부분.
부문

263

陽
볕 양

언덕을 의미하는 阝(=阜언덕 부)와 日해 일, 그리고 햇볕이 내리쬐는 형상을 나타낸 기호가 합쳐진 구성이다. 각각의 의미들을 결합하면, 햇볕이 내리쬐는 모양을 나타낸 昜빛날 양. 陽의 옛 글자에 언덕(阝)을 추가하여 '(높은 언덕을 비추고 있는) 햇볕'이란 의미를 표현한 것임을 알 수 있다.

예문

陰陽
음양
— 昜學역학에서 이르는, 만물의 근원이 되는 상반된 성질을 가진 陰음과 陽양, 두 가지 것.

陽地
양지
— 볕이 바로 드는 곳.

太陽
태양
— 태양계의 중심을 이루는 해.

夕陽
석양
— 저녁 해. 落照낙조.

急
급할 급

앞에서 달아나고 있는 사람(人)을 잡기 위해 재빠르게 손(⺕)을 내미는 형상에 心마음 심을 결합한 구성이다. 달아나고 있는 포로나 죄인을 잡으려는 형상이니 얼마나 급히 움직여야 할 것인가. 그렇기 때문에 이렇게 긴박한 상황을 묘사해 '급하다, 빠르다'란 뜻을 표현한 것이다.

예문

危急
위급
--- 매우 위태롭고 급함.

急行
급행
--- 급히 간다는 뜻. 빨리 달리는 急行列車급행열차의 준말.

性急
성급
--- 성질이 매우 급함.

急迫
급박
--- 일의 형세가 급하고 매우 밭음.

音소리 음과 心마음 심이 합쳐져서 만들어진 구성이다. 마음(心) 속에 품고 있던 것이 구체적인 소리(音)로 변했다는 뜻을 나타낸 것으로 '뜻, 의미'를 표현하는 글자다.

예문

意志 ---- 목적이 분명한 생각이나 뜻.
의지

意味 ---- 어떤 말이 나타내고 있는 내용. 뜻, 意義의의.
의미

好意 ---- 남에게 보이는 친절한 마음씨. 善意선의.
호의

意見 ---- 어떤 일에 대한 생각, 견해.
의견

感
느낄 감

心마음 심과 창을 이리저리 움직여서 상대방을 쓰러뜨리는 모양이 변한 咸다 함이 합쳐진 구성이다. 마음이 이리저리 움직인다는 것을 표현하여, '마음의 움직임, 느끼다, 느낌'이라는 뜻을 나타낸 글자가 되었다.

예문

感覺
감각
--- 감각기관을 통하여 느끼거나 깨닫는 것. 보고 듣고 냄새를 맡고 살에 닿음을 느끼는 것.

好感
호감
--- 좋게 여기는 감정.

感情
감정
--- 느껴서 일어나는 심정이나 기분.

悲感
비감
--- 슬픈 느낌이나 감회.

愛
사랑 애

  위와 아래에 각각의 발이 있고 그 가운데에 사람의 속마음을 의미하는 心
마음 심이 들어가 있는 형태다. 이리 저리 걸어 다닐 때에도 마음 깊은 곳에
남아 있는 귀한 마음을 나타낸 것이니 사람에게 있어 가장 소중한 심정인
'사랑'이나 '사랑하다'란 의미를 표현한 것이다.

예문

戀愛 연애	--- 異性이성에 특별한 애정을 느끼어 그리워하는 일이나 그런 상태.
愛情 애정	--- 사랑하는 정이란 뜻. 사랑하고 귀여워하는 마음.
愛國 애국	--- 자기 나라를 사랑함.
愛人 애인	--- 사람을 사랑한다는 말이거나 사랑하는 사람.

成
이룰 성

옛 모습을 보면 도끼나 창 등의 무기나 도구를 든 사람의 모습임을 알 수 있다. 전쟁 등 무력이나 보다 더 발달된 도구를 이용하여 목적한 바를 이루어 내는 것을 의미한다. '이루다, 얻다'라는 의미를 나타낸다.

	예문
成果 성과	--- 이루어 내거나 이루어진 결과.
成功 성공	--- 뜻을 이룸.
大成 대성	--- 크게 이룬다는 의미이니 크게 성공함.
成就 성취	--- 목적한 바를 이룸.

269

戰
싸움 전

    여러 개로 갈라지거나 흩어져 있는 것들을 하나로 잡아 묶어 간단하고 깔끔하게 만드는 형상을 나타낸 單홀로 단과 긴 자루에 칼날을 직각으로 묶어 적을 베는 도구인 창을 나타낸 戈창 과를 합쳐서 만들었다. 여기저기 흩어져 있던 무기들을 하나로 모이게 한다는 의미이니 '싸움, 전쟁'이란 뜻을 나타내는 글자가 된다.

예문

戰功 전공	---	전투에서 세운 공로.
戰鬪 전투	---	전쟁에서 이기기 위해 온갖 병기를 써서 직접 맞붙어 싸우는 일.
戰爭 전쟁	---	국가 또는 교전 단체 사이에 서로 무력을 써서 하는 싸움.
大戰 대전	---	여러 나라가 넓은 지역에 걸쳐 큰 싸움을 벌이는 일 또는 그렇게 벌어진 싸움.

才
재주 재

　사람이 두 팔을 벌리고 서서 한쪽 다리를 들고 걷고 있는 모양을 나타낸 글자다. 우리나라 전통 예술 중에 하나인 줄타기를 하는 예인의 모습이나 서양 서커스단원이 높은 곳에 있는 외줄 위에 균형을 잡고 걸어가는 모습, 또는 재주를 피우는 광대의 모습을 떠올리면 그 뜻을 쉽게 떠올릴 수 있을 것이다. '재주, 재능'이란 의미를 나타낼 때 사용하는 글자다.

예문

才能
재능
--- 재주와 능력.

天才
천재
--- 태어날 때부터 갖춘 뛰어난 재주, 또는 그런 재주를 가진 사람.

奇才
기재
--- 별난 재주. 또는 그런 재주를 지닌 사람.

才氣
재기
--- 재주가 있어 보이는 기질.

放
놓을 방

　왼쪽에 있는 方_모 방은 사람의 형상이 변한 것이고 오른쪽의 攵(＝攴 칠 복) 은 도구를 든 손을 그린 모습이 변한 것이다. 方은 정상적인 모습으로 서 있 는 사람의 모양을 나타낸 大를 변형시킨 것이다. 밑의 다리 부분을 구부려 서, 도망을 가고 있는 사람이나 비틀거리는 사람의 형상을 나타낸 것이다. 오른쪽의 攵(＝攴 칠 복)은 몽둥이 따위를 들고 있는 손의 형상이므로 '치다,

예문

放出 --- 널리 내놓음. 비축해 둔 물자나 자금을 풀어서 일반에게 제공하는 것.
방출

放送 --- 소리나 영상을 라디오나 텔레비전의 전파에 실어서 내보내는 것.
방송

追放 --- 그 사회에서 몰아냄.
추방

放學 --- 학교에서 학기나 학년이 끝난 뒤, 또는 더위나 추위가 심한 일정 기간 동안 수업을
방학 　　　쉬는 일이나 그 기간.

때리다'라는 뜻을 나타낸다.

그러니 이 글자는 중한 죄를 지은 죄인에게 그 죄에 해당하는 만큼의 모진 매질을 가한 후에 풀어 주는 것을 나타낸 것이다. 모질게 매를 맞은 후에 비틀거리고 있는 죄인의 모습이 바로 똑바로 서 있지 못하고 비틀거리는 형상을 나타낸 方이 된 것이다.

이러한 이유로 이 글자는 '놓다, 놓아 주다, 쫓아내다, 보내다, 풀어 주다, 버리다'라는 의미를 나타내는 것이다.

톡!톡! 상식

방귀? 방기 放氣?

흔히 체내에서 발생한 가스를 몸 밖으로 내보내는 생리현상, '방귀'를 한자로는 放氣방기라고 한다. 기운을 내보낸다는 의미를 나타낸 말이다. 같은 소릿값을 갖고 있는 放棄방기라는 말은 버리고 돌아보지 않음을 뜻한다.

　　왼쪽에 있는 글자는 立설 립과 木나무 목을 합친 모양이니 '세워 놓은 나무'란 뜻을 나타낸다. 즉 예전에 부족국가나 마을을 성처럼 둘러싼, '나무로 만든 목책'을 뜻하는 것이다. 거기에 도끼 따위의 도구를 나타낸 斤도끼 근을 합친 것이 바로 新새 신이다. 그러니까 이 글자는 도끼(斤)를 이용하여 '세워 놓은(立) 나무(木)', 즉 목책을 새로 만들고 있는 형상을 나타낸 것임을 상상할 수 있을 것이다. 그래서 '새롭다, 새 것'이라는 의미를 가지게 된 글자다.

예문

新人 신인	---	어떤 분야에 새로 나서서 활동을 시작한 사람.
新品 신품	---	새 물품이나 새로운 제품.
最新 최신	---	가장 새롭다는 의미.
新入 신입	---	어떤 모임이나 단체에 새로 들어온 것.

族
겨레 족

깃발을 의미하는 모양과 서 있는 사람의 모양을 합쳐 만든 글자다. 각자의 부족을 나타낸 특정한 깃발 아래 모여 있는 사람들의 모습으로 '친족, 겨레'라는 뜻을 나타내었다. 관을 쓰고 서 있는 사람의 모양(夫)이 矢화살 시로 변하였다. 이렇게 사람의 모양이 矢로 변한 예는 知알 지이나 智지혜 지, 그리고 短짧을 단 등에서 볼 수 있다.

예문

親族 친족	---	촌수가 가까운 겨레붙이. 흔히 四從사종 이내의 관계.
族譜 족보	---	한 가문의 대대의 혈통 관계를 기록한 책.
種族 종족	---	조상이 같고 언어나 풍속, 습관 따위도 같은 사회 집단.
民族 민족	---	같은 지역에서 오랫동안 공동생활을 함으로써 언어나 풍습 따위 문화 내용을 함께 하는 인간 집단. 겨레.

원래는 빛이 새어나오는 창문(囧빛날 경)과 달(月)을 함께 그려 '밝다'라는 의미를 나타낸 글자다. 나중에 '밝다'는 의미가 더욱 잘 드러나도록 囧빛날 경을 日해 일로 바꾸는 바람에 해와 달이 합친 형태가 되었다.

清明 청명	---	이십사절기의 하나로 春分춘분과 穀雨곡우 사이의 절기. 이 무렵부터 맑고 밝은 봄 날씨가 시작됨.
明月 명월	---	밝은 달.
鮮明 선명	---	색깔 따위가 산뜻하고 밝음. 견해나 태도가 뚜렷함.
明白 명백하다	---	분명하고 뚜렷함.

昨
어제 작

오른쪽에 있는 乍_{잠깐 사}는 가죽을 잘라 내어 짧은 시간 안에 옷을 만든다는 의미를 가진 글자다. 거기에 시간을 의미하는 日_{날 일}을 합쳤으니, '잠깐 전에 지나간 시간, 하루 전'이란 뜻을 나타낸 것이다. 바로 '하루 전날', 즉 '어제'를 의미하는 글자가 된다.

예문

昨年
작년   --- 지난해.

昨今
작금   --- 어제와 오늘. 요사이.

昨夜
작야   --- 어젯밤.

붓을 손에 쥐고 있는 형상을 나타낸 聿붓 율과 밝은 태양을 그린 日해 일, 그리고 그 해를 그린 종이의 모습이 납작하게 변한 一을 합친 구성이다. 붓을 든 손(聿)으로 펼쳐 놓은 종이(一) 위에 해(日)를 그린 것으로 '낮'이란 뜻을 표현한 글자다.

예문

晝夜 주야	---	밤과 낮을 함께 이르는 말.
白晝 백주	---	가장 밝은 대낮.
晝間 주간	---	낮 동안.
晝光 주광	---	태양 광선에 의한 낮 동안의 빛이나 그 밝음.

손에 쥔 붓(聿)으로 벼루(曰)에 담긴 먹물을 찍어 글씨를 쓰는 모습을 묘사한 것으로서 '쓰다, 글, 책'이라는 의미를 갖고 있는 글자다.

예문

書藝
서예
--- 글씨를 쓰는 **書道**서도를 예술의 관점에서 이르는 말.

讀書
독서
--- 책을 읽는 것.

書畵
서화
--- 글씨와 그림을 아울러서 표현한 말.

文書
문서
--- 실무상 필요한 사항을 문장으로 적어서 나타낸 글.

톡!톡! 상식

男兒須讀五車書남아수독오거서

남자는 모름지기 다섯 수레에 실을 만큼의 많은 책을 읽으라는 말이다. 다섯 수레라고 하면 상당히 엄청난 숫자를 뜻하겠지만 당시의 책이라 함은 죽간에 쓰인 것이 대부분이었으므로 실제량으로 보면 지금 생각하는 것보다는 그다지 많은 것은 아니지 않을까.

會
모일 회

뚜껑이 달린 큰 솥 안에 이것저것 다양한 재료를 한데 넣고 화로 위에 올려서 부글거리며 끓이는 모양을 나타내었다. 요리를 할 때는 고기는 물론 각종 야채들을 한 솥에 모두 넣고 조리를 하게 되니 '여러 가지가 모였음'을 나타내기에 적합했다. '모이다, 합치다'란 의미를 나타낸 글자다.

예문

會議 회의	---	모여 의논한다는 뜻이거나 그렇게 모인 것. 어떤 사항을 의논하는 기관.
會合 회합	---	모임. 集會집회.
會同 회동	---	여럿이 모임.
同窓會 동창회	---	동창생들의 모임.

服
복종할 복, 옷 복

    왼쪽의 月은 배의 모양이 변한 것이고 우측에 있는 글자는 사람(人)을 손(又)으로 다루고 있는 모양이다. 죄를 지은 죄인이나 포로, 또는 노예 등을 강제로 배에 싣고 있는 손을 나타내어 '복종하다'라는 뜻을 표현한 글자다. 또 이렇게 취급하는 낮은 계급의 사람들의 경우엔 일반 사람들과 쉽게 구별할 수 있도록 특별한 모양이나 색깔을 가진 옷을 입히게 마련이므로 '옷'이라는 의미를 나타낼 때에도 사용하게 되었다.

예문

服從
복종
--- 남의 명령, 요구, 의지 등에 그대로 따르는 것.

降服
항복
--- 자신이 진 것을 인정하고 상대편에게 屈伏굴복함.

校服
교복
--- 학생들이 입는 제복.

服用
복용
--- 약을 먹는 것.

　　왼쪽에 있는 기호는 앞서 韓나라한을 풀이할 때 설명한 바와 마찬가지로 卓높을탁이 변한 것이다. 卓은 하늘 높이 날아다니는 새를 잡기 위해 만든 그물 달린 장대의 모양으로 '높다, 뛰어나다'라는 의미를 갖고 있다. 거기에 달을 의미하는 月을 합쳤으니 이 글자는 '달이 끝까지 닿은 때'를 나타내게 된다. 밤새 떠 있던 달이 끝까지 닿았다는 말은 '어둠이 물러가고 날이 밝았음'을 나타낸다. 즉 朝아침조는 '아침'이란 의미를 나타내기 위해 만든 글자인 것이다. 또한 아침이 되면 모든 신하들이 왕을 알현하는 관례에 따라 '조정'이란 의미를 나타낼 때 사용하기도 한다.

예문

朝會 --- 아침 모임. 왕조 시대에, 백관이 정전正殿 앞에 모여 임금을 뵙는 일.
조회

朝廷 --- 임금이 나라의 정치를 집행하던 곳.
조정

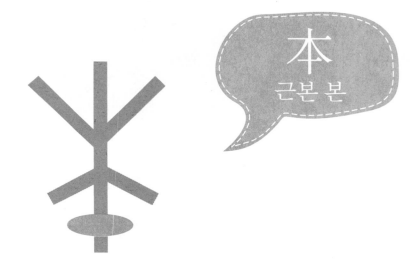

本
근본 본

'뿌리, 근본'이란 뜻을 나타내려고 고심한 끝에 만들어 낸 글자로 보인다. 아무리 커다란 나무(木)라 하더라도 출발은 가장 아래(本)에 있는 뿌리라는 기가 막힌 착상을 한 것이다. 뿌리 부분을 나타내기 위해 점을 찍었던 것이 나중에 ─의 형태로 변하였다.

예문

根本 근본	---	초목의 뿌리. 사물이 생겨나는 데 바탕이 되는 것.
原本 원본	---	등본이나 초본의 근본이 되는 문서.
資本 자본	---	사업을 하는 데 필요한 돈. 밑천.
本來 본래	---	어떤 사물의 처음.

朴
성씨 박

바깥쪽 부분을 나타내는 기호가 변한 卜점 복과 커다란 통나무를 나타낸 木나무 목이 합쳐진 구성을 갖고 있다. 커다란 통나무(木)의 다듬지 않은 바깥 부분(卜)을 나타낸 글자다. 인위적으로 깎아 내거나 손을 보지 않은 상태임을 가리키는 것으로서 '순박하다, 꾸밈없다'라는 뜻을 나타낸다. 사람들의 성씨로 사용되고 있다.

예문

素朴
소박   --- 꾸밈이나 거짓이 없이 있는 그대로임.

淳朴
순박   --- 순량하고 꾸밈이 없는 성품.

質朴
질박   --- 꾸밈이 없이 수수함.

儉朴
검박   --- 검소하고 질박함.

李
오얏 리

　나무(木) 밑에 아이들(子)이 서 있는 모습을 그려 맛있는 열매가 열리는 나무임을 나타냈다. 자두 비슷한 열매가 열리는 '오얏나무'를 의미한다. 우리나라에선 주로 성씨로 사용한다.

예문

桃李　---　복숭아와 자두, 또는 그 꽃이나 열매. 남이 천거한 좋은 人材인재.
도리

果
열매 과

나무(木) 위에 매달린 열매들의 형상이다. 원래는 많은 수의 열매를 세 개로 나타냈지만 지금은 한 개로 줄었다. '열매, 결과'라는 뜻을 나타낸다.

예문

結果 --- 열매를 맺음. 어떤 까닭으로 말미암아 이루어지는 결말의 상태.
결과

果實 --- 나무의 열매 중 먹을 수 있는 것.
과실

成果 --- 이루어 내거나 이루어진 결과.
성과

果樹 --- 과실을 생산해 내는 나무. 果木과목.
과수

그 정도는 藥果약과?

제사에 사용하는 藥果약과는 밀가루에 꿀과 기름을 섞어 지져서 과줄판에
박아 찍어 낸 달고 부드러운 음식이다. 입에 넣기만 해도 저절로 녹아 들
어갈 정도이기 때문에 어린아이나 치아가 좋지 않은 노인들도 어렵지 않
게 먹을 수 있다. 그러니 '그 정도면 약과'라는 표현은 어떤 일의 정도가
생각보다 심하지 않거나 어렵지 않게 해낼 수 있다는 것을 나타낼 때 사
용한다. '그 정도라면 藥果약과를 먹듯 누구나 쉽게, 그리고 즐겁게 할 수
있는 일'이라고 풀이하면 이해가 쉬울 것이다.

根
뿌리 근

오른쪽의 艮머무를 간은 끝까지 간 후 뒤를 돌아다보고 있는 사람의 모습으로 '머무르다, 어렵다'라는 의미를 나타낸 글자다. 거기에 나무를 합쳤으니 나무의 맨 아래인 '뿌리'라는 뜻을 갖고 있다.

예문

根本
근본 --- 초목의 뿌리. 사물이 생겨나는 데 바탕이 되는 것.

禍根
화근 --- 災禍재화의 근원.

根性
근성 --- 뿌리 깊이 박힌 성질. 어떤 일을 끝까지 해내려고 하는 끈질긴 성질.

根源
근원 --- 물줄기가 흘러나오기 시작하는 곳. 어떤 일이 생겨나는 본바탕.

업 업

　원래는 북이나 종 따위를 걸어 놓고 연주를 하는 '나무로 만든 틀'의 형태를 그린 '종 다는 널 업'이란 글자였다. 시간이 흘러 그 틀의 모양이 지금과 같은 형태로 변하게 되자 이 글자의 해석도 바뀌어서 신분을 나타내는 물건인 부절符節의 모습과 그 부절의 재료인 木나무 목이 결합된 형태로 보게 되었다: '직업, 일'이란 뜻을 나타낼 때 사용한다.

職業 직업	---	재능과 능력에 따라 일정한 대가를 받고 하는 일.
業種 업종	---	영업이나 사업의 종류.
事業 사업	---	주로, 생산과 영리를 목적으로 하는 지속적인 경제 활동.
企業 기업	---	영리를 목적으로 하여 사업을 경영하는 일, 또는 그 사업.

　즐겁고 기쁜 일이 있을 때 두드리며 노는, 북 같은 것을 모아 놓은 악기의 그림이다. 나무 받침대 위에 큰 북 한 개와 양쪽에 작은 북 두 개를 올려 놓은 모습이 보인다. 이 글자는 세 가지 발음으로 읽는데 '즐겁다'란 의미일 때는 '락', '음악'이란 의미일 때는 '악', 그리고 '좋아하다'라는 의미일 때는 '요'라고 발음한다.

예문

娛樂 --- 흥미 있는 일이나 물건을 가지고 즐겁게 노는 일.
오락

樂園 --- 아무 근심 걱정 없이, 즐거움이 넘쳐흐르는 곳. '안락하게 살 수 있는 곳'이란 뜻으
낙원 　　 로, 理想鄕이상향, 파라다이스와 같은 의미.

音樂 --- 인간의 사상이나 감정을 주로 악소리를 이용하여 나타내는 예술의 갈래를 의미.
음악

樂譜 --- 음악의 곡조를 일정한 부호를 써서 나타낸 것.
악보

樹
나무 수

키가 크게 자란 나무의 형상을 나타낸 구조다. 자연적으로 자라난 나무가 아니고 사람들이 공을 들여 키운 나무를 뜻한다. 글자의 구조를 보면 높게 서 있는 커다란 나무를 사람이 손으로 정성 들여 가꾸고 있는 모습임을 알 수 있다. '커다란 나무'란 뜻을 나타내는 글자다.

예문

樹木 수목	---	나무. 목본 식물을 통틀어 이르는 말.
植樹 식수	---	나무를 심음, 또는 그 나무. 식목植木.
樹立 수립	---	국가나 정부, 제도나 계획 따위를 이룩하여 세움.
街路樹 가로수	---	큰길의 양쪽 가에 줄지어 심은 나무.

死
죽을 사

　죽은 사람을 나타낸 歹부서진 뼈 알에다 서 있는 사람의 옆모습의 형상이 변한 匕비수 비가 합쳐진 구성이다. 살아 있는 사람과 죽은 사람을 바로 옆에 비교하듯 함께 그려서 '죽다, 죽음'이란 의미를 표현한 글자다.

예문

死亡
사망
--- 죽음. 死去사거, 逝去서거, 永眠영면, 作故작고 등의 표현이 있다.

死刑
사형
--- 죄를 지은 범죄자들의 생명을 끊는 형벌.

死因
사인
--- 죽음의 원인.

溺死
익사
--- 물에 빠져 죽는 것.

永
길 영

흘러내리는 물이 갈래갈래 갈라지며 '길게, 끊임없이' 흐르는 모습을 표현한 글자다. 맨 위에 찍은 점 하나는 길게 이어져 흐르는 물줄기의 시작인 '물 한 방울'을 의미한다. '한 방울(丶)에서 시작된 물(水)이 끊임없이 흘러가는 모습'이라고 생각하면 쉽게 기억할 수 있다.

	예문

永遠 ---- 언제까지고 계속하여 끝이 없음, 또는 끝없는 세월.
영원

永續 ---- 오래 계속함.
영속

永久 ---- 길고 오램. 오래 계속되어 끊임이 없음.
영구

永永 ---- 언제까지나. 영원히.
영영

油
기름 유

　지금 우리가 사용하고 있는 화석연료를 말하는 것이 아니라 밭에서 자란 식물(참깨, 들깨, 옥수수 등)에서 뽑아낸 기름을 나타내기 위해 만들었던 글자다. 由말미암을 유는 밭에서 곡식 따위가 자라 쑥 올라온 모양을 나타낸다. 거기에 액체를 상징하는 氵(=水)를 합한 구성이다.

　정리를 하자면, 땅(田)에서 자란 곡식에서 뽑아낸(由) 액체(氵=水)라는 개념인 것이다. 음식을 만들 때 사용하거나 등잔불을 밝히는 '기름'이란 뜻을

예문		
燈油 등유	---	등불을 켜거나 난로를 피우는 데 쓰는, 석유에서 뽑은 기름.
原油 원유	---	땅속에서 나는 그대로의, 정제하지 않은 석유.
油田 유전	---	석유가 나는 곳. 석유가 땅속에 묻혀 있는 지역.
食用油 식용유	---	참기름이나 콩기름, 올리브 기름처럼 음식을 만들 때 사용하는 식용의 기름.

표현하고자 만든 글자다.

기름은 식물에서만 나오는 것이 아니고 동물의 지방질 또한 같은 용도로 사용하는 경우가 많다. 그런 경우에도 이 글자를 사용한다. 근대에 들어서 사용하게 된 화석연료인 석유 역시도 땅(田)에서 나오는 것(由)이다 보니 자연스레 이 글자를 사용하여 표현하게 되었다.

注
부을 주

　술이나 물 따위의 액체를 다른 곳에 옮기거나 버리기 위해 쏟아 붓는 것을 나타낸 글자다. 장작 위에 타고 있는 불을 묘사한 主에 불을 끄기 위해 물(氵=水)을 붓는 것을 묘사하여 '붓다, 쏟다'라는 글자를 만들어낸 것이다.

예문

注入 주입	---	액체를 물체 안에 흘려 넣는 것.
注目 주목	---	눈길을 한곳에 모아서 봄. 어떤 대상이나 일에 대해 특별히 관심을 가지고 자세히 살핌.
注意 주의	---	마음에 새겨 두고 조심함. 특별한 사항에 대한 경계나 주목.
注油 주유	---	자동차 등에 휘발유를 넣는 것이나 기계나 기구의 마찰 부분에 기름을 치는 것.

洋
큰바다 양

羊양 양은 털, 가죽, 그리고 고기와 젖까지 하나도 버릴 것이 없는 훌륭한 가축이다. 그래서 羊양 양이 들어간 글자들은 대부분 '좋다, 훌륭하다, 뛰어나다'란 의미가 숨어 있다. 이 글자는 물(氵=水)과 羊양 양이 합쳐졌으니 '훌륭한 물, 넓은 물'이란 뜻으로 바로 '바다'를 표현한 글자다. 육지와 붙어 있는 작은 바다는 '海해'라고 하고 육지에서 멀리 떨어진 커다란 바다는 '洋양'이라고 말한다. 우리나라에서 사용하고 있는 낱말 중에 양洋이 들어가면 西洋서양, 즉 외국이란 뜻을 나타내고 있는 경우가 많다.

예문

東洋
동양
--- 아시아 및 그 부근을 막연하게 일컫는 말.

北洋
북양
--- 북쪽의 바다. 北海북해.

西洋
서양
--- 유럽과 아메리카의 여러 나라. 歐美구미.

巡洋
순양
--- 해양을 순찰함.

消
사라질 소

肖작을 초, 닮을 초는 작은(小) 몸(肉), 즉 부모님에 비해 작은 몸인 '자식'을 의미한다. 그래서 이 글자는 '작다, 닮다'란 뜻을 가지고 있다. 이렇게 작다는 뜻을 가진 초(肖)에다 물(氵=水)을 합쳐서 '물을 사용해서 어떤 것을 작게, 또는 사그라지게 만드는 것'을 나타낸 것이니 '사라지다, (불을) 끄다'라는 의미를 나타낸 글자다.

예문

消火
소화 --- 불을 끔.

消滅
소멸 --- 사라져 없어짐.

消費
소비 --- 돈이나 물건, 시간, 노력 따위를 써 없앰.

消毒
소독 --- 물건에 묻어 있는 병원균을 약품·열·빛 따위로 죽이는 일.

불순물이 많이 섞인 물은 누렇고 탁한 색을 띠게 마련이다. 그런데 이 글자의 구성을 보면 푸른색(靑)을 띠고 있는 물(氵=水)이란 뜻이니 먼지나 흙 등이 섞이지 않은 맑은 물을 나타낸 것임을 금세 알 수 있다. '맑다'는 뜻을 강조한 글자다. '맑다'는 의미에서 기인하여 '꿀'이란 뜻을 갖고 있기도 하다.

			예문

清凉
청량 --- 맑고 서늘함.

清淨
청정 --- 맑고 깨끗함.

清貧
청빈 --- 청렴하여 살림이 가난함.

造清
조청 --- 사람이 만든 꿀이란 의미(물엿).

　　따뜻한 물(水)이 가득 차 있는 통(皿) 안에 들어가 목욕을 하고 있는 사람 (囚: 사람을 위에서 본 모양)의 모습으로 '따뜻하다, 따뜻하게 하다'란 의미를 표현했다. 그리고 '따뜻하게 하다'는 의미에서 '음식을 따뜻하게 데우다', 즉 '익히다'라는 개념까지 표현하게 된다. '학문이나 기술을 체득하다'라는 의미를 나타내는 '익히다'라는 뜻이 여기에서 나오는 것이다.

예문

溫泉
온천
--- 地熱지열로 말미암아 땅속에서 평균 기온 이상의 온도로 데워진 물이 자연적으로 솟아나는 샘.

溫水
온수
--- 따뜻한 물이나 더운물.

溫情
온정
--- 따뜻한 인정이나 정다운 마음.

溫度
온도
--- 덥고 찬 정도나 그 도수를 나타낸 말.

　　크게 자란 뿔을 가진 소의 모양을 나타낸 牛소 우와 관청을 나타내는 寺관 청 사, 절 사가 합쳐진 구성이다. 관아(寺)에서 제물용으로 사용하는 소(牛)를 말하는 것이다. 제사에 제물로 바치기 위해 관리하는 소는 농사를 짓는 데 사용하던 일반 소에 비해 제사를 위해 '특별하게' 관리되는 까닭에 '특별하 다'라는 뜻을 갖게 되었다.

	예문
特別 특별	--- 보통과 아주 다름.
特級 특급	--- 특별한 등급이나 계급.
獨特 독특	--- 견줄 만한 것이 없이 특별히 다름.
特殊 특수	--- 보통과 아주 다름.

원래 이 글자의 모습은 솥에 음식을 넣고 삶는 모습을 나타낸 것이라는데 이러한 모습을 가지고 '사람'이라는 의미와 연결하여 이해하기가 쉽지가 않다. 차라리 이 글자를 耂(=老늙은이 로)와 白흰 백의 구조로 보면 흰(白) 머리칼이 성성한 노인(老)의 모습을 연상하기가 쉬울 듯하다. '놈, 사람'이란 의미를 나타내는 글자다.

예문

學者 학자	---	학문을 연구하는 사람이나 학문이 뛰어난 사람.
讀者 독자	---	책이나 신문, 잡지 따위의 출판물을 읽는 사람.
勝者 승자	---	운동 경기나 싸움 등 겨룸의 결과, 이긴 사람이나 이긴 편.
覺者 각자	---	깨닫기 위한 수행을 완전히 마쳐, 스스로 깨닫고 남을 깨닫게 하는 사람. 부처.

近
가까울 근

　사냥의 도구나 전쟁 때 사용하던 무기를 그린 도끼(斤)와 '길, 가다'라는
뜻을 가진 辶(辵=行+止)을 합쳤다. 전쟁이나 사냥을 나갔을 때, 도끼를 던
져서 맞추거나 피해를 입힐 수 있을 만큼의 거리라는 뜻이니 그리 멀지 않
은 거리를 말하는 것이다. 도끼가 날아갈 만큼의 거리, 즉 '가깝다'란 뜻을
표현하기 위해 만든 글자다.

예문

近來
근래
--- 요즈음.

附近
부근
--- 가까운 언저리. 近處근처.

遠近
원근
--- 멀고 가까움, 또는 먼 곳과 가까운 곳을 아울러 가리키는 말.

近似
근사
--- 어떤 수치나 상태 따위가 기준에 가깝거나 아주 비슷함. 썩 그럴듯함, 꽤 좋음.

速
빠를 속

　우측에 있는 束묶을속은 보따리를 밧줄 따위로 꽁꽁 묶은 형태를 나타낸 글자다. 이렇게 짐을 묶은 것을 나타낸 글자들은 東동녘동도 마찬가지이다. 굳이 표현하자면 東이 束보다 가로로 한 번 더 묶은 형태라고 할 수 있겠다.

　짐을 잘 묶어 놓은 형태와 '길을 걸어간다'는 의미를 가진 辶(=辵)을 합친 구성이 된다. 하나하나를 떼어서 설명하자면 어딘가를 향해 갈(辶) 때 등에 진 짐을 잘 묶으면(束) 훨씬 더 빨리 갈 수 있음을 나타낸 글자로 '빠르다'란 뜻을 갖고 있다.

예문

速度 속도	---	빠르기나 그 빠름의 정도.
高速 고속	---	아주 빠름을 말하거니 그렇게 빠른 속도.
迅速 신속	---	매우 빠르다는 의미.
速力 속력	---	빠르기.

通
통할 통

옛 글자를 보면 사람(人)과 用_{쓸 용}이 합쳐진 甬_{길 용}에 辶_{길 갈 착}을 합친 모양임을 알 수 있다. 辶_{길 갈 착}은 사거리, 즉 길을 의미하는 '彳_{조금 걸을 척}'과 '夂_{천천히 걸을 쇠}'를 합하여 만든 기호이다. 이제 각각의 부분을 잘 조합하여 의미가 통하도록 하면 이 글자의 뜻을 쉽게 알아낼 수 있다. '길(彳)을 잘 이용(用)해서 걸어가고(辶) 있는 사람(人)'이란 의미. 결국 이 글자는 '통하다, 막힘이 없다'란 뜻을 표현한 글자가 되는 것이다.

예문

通達 — 어떤 일이나 지식 따위에 막힘이 없이 통하여 환히 앎.
통달

交通 — 탈것을 이용하여 사람이나 짐이 한곳에서 다른 곳으로 오가는 일.
교통

流通 — 흘러 드나듦. 상품이 생산자·상인·소비자 사이에 거래되는 일.
유통

疏通 — 막히지 않고 잘 통함.
소통

　전쟁에 쓰던 수레를 타고 있는 병사를 그린 軍군사 군과 발을 놀려 어딘가로 움직이고 있는 것을 나타낸 辶길 갈 착이 합쳐진 형태다. 전쟁터에서 병사들이 수레를 타고(軍) 상부의 지휘에 따라 목적지를 향해 간다(辶)는 의미이니 '옮기다, 옮겨 다니다'라는 뜻을 갖고 있다. 이미 정해져 있어 인간의 힘으로는 어쩔 수 없는 '천운天運'을 줄인 말로 '運數운수'라는 뜻을 나타내기도 한다.

예문

運轉
운전
--- 기계나 자동차 따위를 움직여 부림.

運輸
운수
--- 사람이나 짐 따위를 실어 나름.

海運
해운
--- 해상에서 배로 하는 운송. 해상 운송의 준말.

幸運
행운
--- 좋은 운수, 행복한 운수.

遠
멀 원

    멋진 장식을 한 옷을 입고 있는 모양을 나타낸 袁옷자락 길 원에 辶길 갈 착을 합쳐진 모양이다. 가까운 곳을 갈 때는 입고 있는 옷 그대로 가는 경우가 많지만 먼 여행을 떠나는 경우엔 이것저것 준비할 것이 많은 법. 날씨나 잠자리 등 여러 가지의 경우를 따져 옷을 잘 차려 입고 먼 길을 떠나는 모양으로 '멀다'라는 의미를 나타내는 글자다.

		예문

遠近
원근   --- 멀고 가까움 또는 먼 곳과 가까운 곳.

遠遠
요원   --- 아득히 멂.

永遠
영원   --- 언제까지고 계속하여 끝이 없는 것, 또는 끝없는 세월.

遠洋
원양   --- 뭍에서 멀리 떨어져 있는 바다.

班
나눌 반

커다란 옥을 필요에 따라 적당한 크기로 잘라(刂=刀) 여러 개(玉+玉)의 조각으로 만드는 것을 표현한 것이다. 여기서 玉옥 옥이란 글자가 두 개가 있는 이유는 커다란 옥(玉) 원석 한 개가 칼(刀) 같은 도구에 의해 각각의 용도에 따라 여러 개(玉+玉)로 나뉜 것을 나타낸 것이기 때문이다. '나누다, 쪼개다'란 뜻을 갖게 된 글자다.

예문

虎班 --- 武班무반, 즉 武官무관.
호반

分班 --- 여러 개의 반으로 나눈다는 말이거나 그렇게 나뉜 각각의 반.
분반

班長 --- '班반'으로 일컬어지는 집단의 대표나 그 안의 모든 일을 맡아보는 사람.
반장

兩班 --- (지난날) 지체나 신분이 높은 상류계급에 딸린 사람. 兩班양반이란 표현은 虎班호반
양반   과 鶴班학반, 또는 東班동반과 西班서반을 합친 것을 가리킨다.

球
공구

    털이 바깥으로 삐쳐 나온 가죽옷의 형태가 변한 求_{구할 구}와 玉_{옥 옥}을 결합하였다. 가죽옷의 앞섶을 여밀 수 있게 달아맨 단추를 가리키는 글자인 것이다. 단추의 역할을 하는 돌은 옷을 입거나 벗을 때 손을 다치지 않도록 모난 부분을 둥글게 갈았으므로 '가죽옷을 여미는 단추'처럼 둥근 모양의 돌, 즉 '공'이란 뜻을 나타내었다.

예문

撞球 당구	일정한 대 위에 상아 또는 플라스틱으로 만든 붉은 공과 흰 공을 놓고, 큐로 쳐서 맞혀 그 득점으로 승부를 겨루는 실내 오락.
蹴球 축구	두 편이 정해진 시간 안에 발 또는 머리를 이용하여 공을 상대편의 골 속에 넣음으로써 승부를 겨루는 경기.
野球 야구	각각 아홉 사람으로 이루어진 두 팀이 일정한 경기장에서 아홉 차례씩 공격과 방어를 거듭하여 득점을 겨루는 경기.
卓球 탁구	가운데에 가로로 세운 네트를 사이에 두고 경기자가 마주 서서 공을 라켓으로 쳐서 넘기면서 득점을 겨루는 경기.

理
다스릴 리

일반적인 땅을 나타낸 흙(土)과 그것에 비해 사람들이 많은 노력과 수고를 들여 만든 땅을 가리키는 田밭전을 결합해서 만든 글자가 里마을리다. 거기에 잘 다듬을수록 더욱 귀한 가치를 갖게 되는 귀한 보석인 옥(玉)을 합친 형태다. 땅을 갈아 만든 밭(里＝土＋田)이나 옥(玉)이나 모두 많은 노력을 쏟으며 다듬어야 그 가치가 발휘되는 대상이다. 그러니 두 가지 모두 '잘 만들고 열심히 다듬는다'는 의미를 나타내기 위해 결합한 글자다. '다스리다'라는 의미를 갖고 있고 그와 함께 '(옥을 다스리는) 이치, 방법, 도리'란 의미로 확장해서 쓰기도 한다.

예문

理致
이치
--- 사물의 정당한 조리. 도리에 맞는 근본 뜻.

道理
도리
--- 사람이 마땅히 지켜야 할 바른 길. 마땅한 방법이나 길.

管理
관리
--- 어떤 일을 맡아 관할하고 처리함. 물자나 설비의 이용·보존·개량 따위 일을 맡아 함.

現
나타날 현

　예전에는 가장 귀한 보석으로 여겨지던 옥(玉)을 캐서 진품인지를 확인하기 위해 눈을 크게 뜨고 보고 있는 모양(見)을 표현한 글자라고 해석했다. 하지만 이렇게 해석을 하면 '드러나다, 나타나다'라는 의미를 갖게 된 이유를 설명할 길이 없다. 그러므로 이 글자는 '깊은 산, 땅 속 깊이 묻혀 있던 귀한 옥(玉)을 눈으로 볼(見) 수 있도록 바깥으로 캐어 내었음'을 그려서 '나타나다, 드러나다'라는 의미를 가진 글자를 만든 것으로 보는 것이 훨씬 더 타당할 것이라 생각한다. 또한 눈앞에서 옥(玉)을 보고(見) 있는 '때'란 의미를 강조하여 '지금'이란 의미를 나타내기도 한다.

예문

現存 현존	---	현재 존재하고 있음. 지금 살아 있음.
現在 현재	---	이제, 지금. 과거와 미래를 잇는 시간의 한 경계.
出現 출현	---	없던 것이나 숨겨져 있던 것이 나타남.

　이 글자는 불을 피우고 있는 화로의 모양과 길게 만들어 놓은 쇳덩이를 합친 구성이다. 미리 녹여서 보관하기 편하도록 일정한 모양으로 만들어 놓은 쇳덩이들을 화로, 즉 용광로에 넣어 녹이고 있는 모양을 강조한 것이다. 이렇게 용광로에 녹인 쇠를 이용해서 창이나 칼 같은 무기, 또는 쟁기 같은 각종 도구를 만들어 사용하게 되는 모습을 그린 것이다. '쓰다, 사용하다'라는 의미를 갖고 있는 글자다.

예문

用途 용도	---	쓰이는 곳이나 쓰는 법. 효용效用
實用 실용	---	실제로 사용함.
有用 유용	---	소용이 있음. 편리하게 사용할 수 있는 것.
利用 이용	---	이롭고 쓸모 있게 씀.

● 田 · 0

由
말미암을 유

이 글자는 보면 볼수록 참 재미있는 구성이다. 밭(田)에서 뾰족하게(ㅣ) 위로 돋아난 식물을 그린 모습이 연상되지 않는가? 곡식이 밭에서 길게 자라난 것을 나타낸 글자로 '비롯하다, 말미암다, 생겨나다'라는 뜻을 표현한 글자다. 여기서, '말미암다'라는 말은 '어떤 현상이나 사물 따위가 원인이나 이유가 되다'라는 뜻이다.

예문

理由 --- 까닭. 事由사유.
이유

由來 --- 緣由연유하여 오는 것. 그렇게 된 내력.
유래

經由 --- 거쳐 지나가는 것.
경유

由緖 --- 사물이 옛날부터 전하여 내려오는 까닭과 내력.
유서

界
지경 계

좁은 공간에 끼어 있는 사람의 형태를 나타낸 介끼일 개와 田밭 전을 결합한 구성이다. 밭과 밭 사이에 끼어 있는(介) 것처럼 보이는 흙 둔덕의 모습으로 '경계, 한계, 사회' 등의 의미를 나타낸 글자다.

	예문

限界
한계 --- 땅의 경계나 사물의 정해진 범위.

境界
경계 --- 지역이 갈라지는 한계. 어떤 분야와 다른 분야와의 갈라지는 한계.

世界
세계 --- 지구 위의 모든 지역. 온 세상, 모든 나라.

外界
외계 --- 지구 밖의 세계.

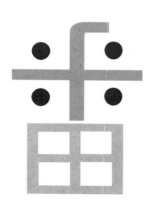

옛 글자를 보면 씨를 뿌리기 위해 밭(田) 위를 걸어간 농부의 발자국 흔적이 줄 맞춰 찍혀 있는 모습임을 알 수 있다. '차례, 순서'라는 의미를 가진 글자다.

예문		
番地 번지	---	토지를 조각조각 나누어서 매겨 놓은 땅의 번호.
番號 번호	---	차례를 나타내는 호수.
順番 순번	---	차례로 돌아오는 번, 또는 그 순서.
當番 당번	---	번 드는 차례에 당함, 또는 그 사람.

畫
그림 화, 그을 획

　붓을 손에 쥐고 있는 형상을 나타낸 聿붓율과 둥글게 교차한 선, 그리고 사각형 등의 형태를 합친 구성이다. 붓으로 이런저런 모양을 그린 것을 나타낸 글자로, '그림'이란 뜻과 '그리다'란 뜻을 가지고 있다.

예문		
畫家 화가 --- 그림 그리는 일을 전문으로 하는 사람.		風景畫 풍경화 --- 자연의 경치를 그린 그림.
繪畫 회화 --- 그림.		圖畫紙 도화지 --- 그림을 그리는 데 쓰는 종이.

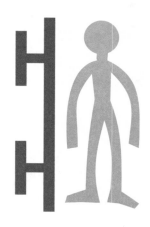

病
병 병

　침상의 모습을 나타낸 疒병들어 자리에 누울 녑에 누워 있는 병자의 모습이 변한 丙남녘 병을 합했다. 丙에서 一은 누워 있는 사람의 머리 부분이 변한 것이고 人은 몸통과 다리, 冂은 어깨와 축 처져 있는 두 팔이 변한 것이다. 병이 깊게 들어 침상에 힘을 빼고 축 처져 길게 누워 있는 환자의 모양을 그려 '질병'을 의미하는 글자를 만들었다.

예문				

疾病
질병　---　몸의 온갖 기능 장애로 말미암은 병.
　　　　건강하지 않은 상태. 疾患질환.

病患
병환　---　病병의 높임말.

病者
병자　---　병을 앓는 사람. 患者환자.

看病
간병　---　환자를 보살핌. 看護간호.

317

發
필 발

　양쪽 발을 굳게 딛고 선 모습을 나타낸 癶걸을 발에 활의 모양을 나타낸 弓
활 궁과, 손으로 화살이나 몽둥이 따위를 들고 있는 형상을 나타낸 의미인 殳
몽둥이 수를 결합했다. 발을 단단히 고정한 채 활을 쏘는 모습으로 '쏘다'라는
의미를 표현한 글자다. 화살을 먹여 힘껏 활시위를 당겼다가 놓으면 갑자기
화살이 쏘아져 나가는 형상에서 착안을 하여 망울진 꽃이 활짝 피어나는 것
을 연상했는지 '(꽃이 활짝) 피다, 시작하다'라는 의미도 갖고 있다.

예문

發射 발사	---	총이나 대포, 로켓 등을 쏨.
開發 개발	---	개척하여 발전시킴.
發病 발병	---	병이 남.
出發 출발	---	길을 떠나는 것이나 어떤 일을 시작함, 또는 그런 일의 시작.

目
눈 목

　눈의 모습을 보이는 대로 그린 글자다. 처음에는 옆으로 그린 모습이었으나 폭이 좁은 죽간이나 목간에 아래로 내려쓰다 보니 자연스레 세로로 세워 쓰게 되었다. '눈, 보다'라는 의미로 사용된다. 하나하나 자세히 본다는 뜻에서 '項目항목, 條目조목'이란 뜻으로 사용하기도 한다.

		예문

目禮
목례 --- 눈짓으로 가볍게 하는 인사를 뜻한다. 눈인사라고도 한다.

目測
목측 --- 눈대중으로 크기나 길이 따위를 재는 것을 말한다.

目次
목차 --- 책 따위 내용의 항목이나 제목을 차례로 배열한 것. 차례나 목록이라고도 한다.

項目
항목 --- 어떤 기준에 따라 나눈 일의 가닥. 條目조목이란 말과도 통한다.

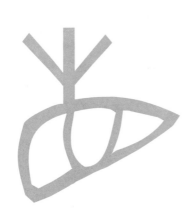

　　어떤 상황을 신경 써서 살펴보느라고 인상을 쓰는 바람에 눈 위에 가득 주름이 잡혀 있는 모양을 나타낸 글자다. 자세히 본다는 의미로, '살피다, 깨닫다'란 의미를 나타낸 글자다. 눈 위에 잡힌 주름살의 형태가 나중에 少 적을 소의 모양으로 변하게 되는데 그런 이유 때문인지 '덜다, 줄어들다'란 의미를 나타낼 때도 사용한다. 다만, 이 경우엔 '생'이라고 발음한다.

예문

反省 반성	---	자기의 언행과 생각 따위의 잘잘못이나 옳고 그름을 깨닫기 위해 스스로를 돌이켜 살핌.
省察 성찰	---	자신이 한 일을 돌이켜 보고 깊이 생각함.
省墓 성묘	---	조상의 산소에 가서 인사를 드리고 산소를 살핌.
省略 생략	---	뺌. 일정한 양을 덜어서 전체를 줄임.

短
짧을 단

　서 있는 사람의 모습(夫)이 변한 矢화살 시와 제사 때 상에 올려놓는 납작한 그릇인 祭器제기의 모양인 豆콩 두가 합쳐졌다. 제사에 쓰이는 납작한 그릇의 모양을 사람 옆에 그렸으니 보통 사람에 비해 키가 많이 작은 사람을 나타내기 위해 만든 글자다. '짧다, 모자라다'라는 뜻을 나타낼 때 사용하게 된다. 이처럼 서 있는 사람의 형상이 矢로 변한 예는 知알 지, 智지혜로울 지, 그리고 族겨레 족 등에서도 찾아볼 수 있다.

短身 단신	---	키가 작은 몸. 短軀단구.
短見 단견	---	짧은 견문, 좁고 얕은 소견.
長短 장단	---	길고 짧음, 장점과 단점, 또는 장단점을 함께 이야기할 때 사용.
短杖 단장	---	짧게 만든 지팡이. 대부분 손잡이가 꼬부라진 형태. 開化期개화기 때부터 사용되었던 까닭에 開化杖개화장이라고도 부름.

石
돌 석

절벽처럼 경사진 언덕의 모양을 그린 厂언덕 한과 굴러 떨어져 있는 돌이나 바위의 모양이 변한 口가 합쳐진 형태다. 깎아지른 절벽 아래 뒹구는 커다란 바위나 돌덩어리를 표현한 것이다. 커다란 바위나 돌덩어리를 그린 형태가 네모난 형태인 口로 변하였다. '돌'이란 뜻을 나타내기 위해 만들어진 글자다.

예문

石物
석물 --- 무덤 앞에 돌로 만들어 놓은 石人석인, 石獸석수, 石柱석주, 石燈석등, 床石상석 따위의 물건.

巖石
암석 --- 바위나 큰 바윗돌.

鑛石
광석 --- 유용한 금속이 많이 섞여 있는 광물.

礎石
초석 --- 건물의 기둥을 받쳐 주는 주춧돌. 머릿돌.

    제사를 지내는 제단을 나타낸 示보일 시와 '농작물이 생산되는' 땅을 의미하는 土흙 토가 합쳐졌다. 농사의 기술이 요즘처럼 발달하지 않았던 과거에는 농산물의 생산을 전적으로 자연의 힘에만 의지할 수밖에 없었다. 그리하여 추수가 끝난 후에는 많은 사람들이 한 곳에 모여서 풍족한 수확을 얻을 수 있도록 도와준 절대적인 존재에게 감사를 드리는 행사가 벌어지게

예문

社會 사회	---	공동생활을 하는 인간의 집단.
結社 결사	---	여러 사람이 공동의 목적을 이루기 위하여 사회적인 결합 관계를 맺는 일, 또는 그렇게 하여 만들어진 그 단체.
會社 회사	---	상행위 또는 영리 행위를 목적으로 상법에 따라 설립된 사단 법인.
來社 내사	---	회사나 어떤 단체 등을 찾아오는 행위.

되었다. 서양의 추수감사제나 동양의 추석 따위가 이러한 행사에 속한다. 한마디로 표현하자면 흙, 땅, 즉 '토지신(土)에 대한 제사(示)'를 의미하는 것이다. 이런 행사는 매우 큰 의미가 있기 때문에 대부분의 사람이 모이게 마련이다. 큰 제사에 사람들이 구름처럼 모인 모양을 떠올리면 쉽게 이해가 될 것이다. '모이다, 모으다, 모임, 집단'이라는 의미를 나타내게 된 글자다.

神
귀신 신

제사를 지내는 제단을 나타낸 示보일 시와 하늘에서 번쩍이는 번개의 모양이 변한 申납 신이 합쳐진 구성이다.

지금의 제사나 차례는 돌아가신 조상을 받드는 행위지만 훨씬 이전의 경우엔 조상뿐만 아니라 인간에게 영향을 끼쳤다고 믿었던 절대적인 존

예문

鬼神
귀신
___ 사람이 죽은 뒤에 남는다고 하는 넋. 사람의 혼령이란 뜻인데 미신에서 사람을 해친다고 하는, 부정적인 존재를 가리키는 낱말.

神話
신화
___ 설화의 한 가지. 국가의 기원이나 신의 사적事績, 유사 이전의 민족사 등의 신성한 이야기를 엮은 것으로 주로 민족적인 범위에서 전승되는 것이 특징.

神童
신동
___ 여러 가지 재주와 지혜가 남달리 뛰어난 아이.

神仙
신선
___ 선도仙道를 닦아 신통력을 얻은 사람. 속세를 떠나 선경에 살며, 늙지 않고 고통도 없이 산다고 함. 仙客선객, 仙人선인.

재에게 올리던 의식이었다. 가뭄이 오래될 경우에는 비를 내려 주길 바라면서 하늘에 祈雨祭기우제를 지내기도 했고, 어떤 큰 행사를 앞두고 주변의 신에게 도움을 주길 바란다는 의미로 지내는 고사 역시 비슷한 예로 볼 수 있다.

이렇게 자연을 주재하여 인간생활에 도움을 주거나 해악을 끼치는 존재는 실제로는 눈앞에 보이지 않는 경우가 대부분이므로 그 존재를 구체적으로 나타낼 필요가 있었다.

분명한 형체는 보이지 않지만 절대적인 능력을 지니고 있다고 믿었기 때문에 하늘 전체에 번쩍이며 나타났다가 금방 사라지는 번개로 묘사하여 제사(示)를 지내는 대상인 '귀신'을 구체적으로 나타내었다.

326

　제사를 올리는 제단을 형상화한 示_{보일 시}와 제기그릇을 그린 豆_{콩 두}, 그리고 그 위에 풍성한 음식이 가득한 형상이 변한 曲_{굽을 곡}, 이렇게 세 개의 의미가 합쳐진 글자다. 풍성한 음식(曲)이 담긴 제기(豆)를 제단(示) 위에 올리고 제사를 지내는 모양으로 '예절, 예법'이란 의미를 표현하였다.

예문

禮法
예법
--- 예절의 법식이나 법칙.

禮節
예절
--- 예의와 절도. 禮儀凡節_{예의범절}의 준말. 禮度_{예도}.

家禮
가례
--- 한 집안의 예법.

失禮
실례
--- 언행이 예의에 벗어난 것이나 또는 그런 언행. 缺禮_{결례}.

327

자루가 달린 큰 됫박의 모양을 나타낸 斗_{말 두}에 이삭이 여물어 고개를 숙이고 있는 곡식의 모양인 禾_{벼 화}를 합친 모양이다. 커다란 됫박으로 곡식을 담아서 각각의 종류에 따라 나눠 담는 모습을 표현했다. '분야, 과목, 갈래'라는 의미를 나타내는 글자다.

예문

科目 _{과목} --- 분야별로 나눈 학문의 구분, 또는 교과를 구성하는 단위.

文科 _{문과} --- 수학·자연과학 이외의 학문, 곧 인문과학의 이론과 현상을 연구하는 학과.

科擧 _{과거} --- 왕조 시대 때, 벼슬아치를 뽑기 위하여 본 시험.

科學 _{과학} --- 어떤 영역의 대상을 객관적인 방법으로, 계통적으로 연구하는 활동 또는 그 성과의 내용. 특히 자연과학을 가리키는 경우가 많음.

窓
창문 창

　사람이 거주하고 있는 움집을 표현한 穴구명 혈에 빛이 들어올 수 있도록 만든 구멍의 형태를 나타낸 모양이다. 빛이 들어올 수 있는 구멍, 즉 '창문'을 나타낸 글자다. 구멍의 형태가 나중에 두 개로 분리되어 아랫부분(厶 + 心)의 모습으로 바뀌었다.

예문

同窓 동창	---	같은 학교나 같은 스승 밑에서 공부한 관계.
窓門 창문	---	채광이나 통풍을 위하여 벽에 낸 작은 문.
窓戶 창호	---	창과 문을 아울러 이르는 말.
琉璃窓 유리창	---	유리판을 낀 창문.

音소리 음과 十열 십으로 이루어져 있는 구성이다. 글자를 이루고 있는 각각의 글자들의 뜻을 생각해 보면 쉽게 이해할 수 있다. 사람이 입을 통해 내는 소리(音)가 많이(十) 모인 것이 바로 '글, 문장'이 된다는 것을 설명한 것이다. 여기서 十열 십은 단순히 '10'이란 숫자나 횟수의 개념이 아니라 '많다'라는 뜻을 나타낸다.

예문

文章 문장	---	어떤 생각이나 느낌을 줄거리를 세워 글자로 적어 나타낸 것. 글발, 글월.
樂章 악장	---	소나타, 교향곡, 협주곡 등 다악장 형식을 이루면서 하나하나 완결되어 있는 악곡의 장.
章句 장구	---	글의 장章과 구句.
勳章 훈장	---	훈공이 있는 사람에게 국가에서 표창하기 위하여 내리는 휘장徽章.

童
아이 동

옛 글자를 보면 온몸이 묶인 채 날카로운 도구로 눈을 찔린 상태의 포로나 죄인을 그린 것임을 알 수 있다. 눈이나 다른 신체부위를 못 쓰게 되어 지배자나 상급자의 명령에 쉽게 복종할 수밖에 없게 된 그 무력한 모습이 힘없는 어린아이와 비슷해 보였던지 '어린아이'란 의미로 사용하게 된 글자다. 이 글자의 자형을 쉽게 외우기 위해서는 '마을(里) 어귀에서 서서(立) 놀고 있는' 아이들을 상상하는 방법이 많이 쓰인다.

예문

兒童
아동
--- 어린아이.

童話
동화
--- 어린이에게 들려주거나 읽히기 위해 지은 이야기.

童心
동심
--- 어린이의 마음, 또는 그렇게 순진한 마음을 표현한 말.

樵童
초동
--- 땔나무를 하는 아이.

331

第
차례 제

　원래 '차례, 순서'라는 뜻을 나타낸 글자는 창날을 창끝에 묶을 때 사용하던 끈과 창의 모양을 나타낸 弟아우 제였다는 것은 앞에서 이야기한 바와 같다. 그런데 이 弟아우 제를 '동생, 아우'란 의미로 사용하는 경우가 많아지자 원래의 '차례, 순서'라는 의미를 강조하기 위해 이 글자(弟) 위에 일정한 간격으로 차례차례 마디가 나 있는 대나무(竹)의 모양을 더하여 만든 글자다.

第一 제일	여럿 중 첫째가는 것. '가장'이란 부사어나 '가장 뛰어남'이란 의미로도 사용.
落第 낙제	성적이 일정한 수준에 미치지 못하여 진학이나 진급을 하지 못하고 유급하게 되는 일.
及第 급제	시험이나 검사 따위에 합격하는 것. 지난날, 과거에 합격하던 일을 부르는 말.
本第 본제	고향에 있는 본래의 집.

等
무리 등

　나라의 일을 하는 관청을 뜻하는 寺_{절 사, 관청 시}절 사, 관청 시와 종이의 역할을 대신하던 대나무를 그린 竹_{대나무 죽}대나무 죽을 합친 구성이다. 종이가 발명되지 않았던 때나 발명이 되었어도 대중화되지 않았던 옛날에는 대나무를 조각을 내어 그 위에 글씨를 쓰고, 다시 그것들을 엮은 후에 둘둘 말아서 보관하였다. 그것을 竹簡_{죽간}죽간이라 불렀는데, 册_{책 책}책 책이란 글자가 바로 그렇게 만든 모양을 나

예문

等級
등급　---　값이나 품질, 신분 따위의 높고 낮음이나 좋고 나쁨의 차이를 여러 층으로 나눈 급수.

等分
등분　---　수나 양을 똑같은 부분이 되게 둘 또는 그 이상으로 갈라 나누는 것. 균일한 분배.

平等
평등　---　치우침이 없이 모두가 한결같음. 차별이 없이 동등함.

等式
등식　---　둘 또는 그 이상의 수나 식에서 그것들의 값이 서로 같을 경우. 수학기호 중에서 等號_{등호}등호인, '＝'로 묶은 관계식.

타낸 것이다.

그런데 그렇게 사용할 수 있으려면 마땅히 각각의 대나무 조각들의 크기가 일정해야 할 것이다. 아무래도 관청(寺)에서는 서류를 많이 취급하는 만큼 죽간으로 사용한 대나무(竹)의 크기나 길이가 서로 같아야 한다는 것을 나타내어 '같다'라는 뜻을 갖게 되었다. 시간이 흐르면서 같은 것들끼리는 서로 모여 있게 마련이므로 '무리, 등급'이란 뜻을 나타낼 때도 사용하게 된 글자다.

等身 등신

크기가 실물과 같은 조상彫像이나 그림을 나타낸 等身像등신상의 준말이다. 일부에서 언행이 좀 모자라는 사람을 저속하게 等身등신이라 부르는 경우가 있는데, 겉으로 봐서는 사람과 똑같으나 실제로는 말도 못 하고 움직이지도 못 하는 等身像등신상과 다를 바 없다는 뜻으로 사용하는 것이다. 좋지 않은 말이므로 사용하지 않는 것이 좋겠다.

● 米 · 0

식물에 매달린 이삭의 모양을 나타낸 것으로, 특히 수수나 기장, 조, 벼 등 사람이 식량으로 사용할 수 있는 여러 종류의 이삭들의 모양을 강조한 것이다. 그러다가 가장 대중적으로 사용되다 보니 대표적인 곡식으로 자리 잡게 된 '쌀'이란 의미를 표현하게 된 글자이다.

예문

精米
정미
--- 벼를 찧어서 껍질을 벗겨 쌀을 만드는 일이나 그렇게 해서 만들어 낸 뉘가 조금도 없는, 썩 깨끗하게 찧어 낸 흰쌀.

黑米
흑미
--- 검은 색이 도는 쌀.

白米
백미
--- 벼를 잘 찧어서 껍질을 완전히 벗겨 낸 흰쌀.

米穀
미곡
--- 쌀과 갖가지 곡식을 합쳐서 부르는 말.

級
등급 급

사람을 잡아당기는 모양을 나타낸 及_{미칠 급}과 실이나 줄을 의미하는 糸_가
_{는 실 멱}을 합친 구성이다. 여기서 糸_{가 는 실 멱}은 '묶는다'는 개념을 나타내어
'따로 따로 구분을 짓는 것'을 표현한 것이다. 사람의 인품이나 계급에 따라
각각 구분을 짓는다는 의미를 나타낸 글자로 '계단, 순서, 등급'이라는 의미
를 갖고 있다.

	예문
學級 학급	한 자리에서 같은 때에 교육을 받도록 구분하여 편성한 학생의 집단. 학교 교육의 단위. 교육 행정에서의 단위.
階級 계급	지위나 관직 등의 등급.
等級 등급	값이나 품질, 신분 따위의 높고 낮음이나 좋고 나쁨의 차이들을 여러 층으로 나눈 급수.
級數 급수	수준이나 기술 따위의 우열에 따라 매기는 등급.

綠
푸를 록

　　나무로 만든 두레박과 거기서 떨어지는 물방울(米)이 변한 형태인 彔_{나무} 깎을 록과 실이나 줄을 나타내는 부수인 糸가는 실 멱이 합쳐진 형태다. 줄(糸)이 달린 두레박을 떠올리면 간단하게 이해가 되는 글자다. 두레박은 우물에서 물을 퍼 올리는 도구인 관계로 늘 젖어 있게 마련. 그래서 물이끼가 끼어 초록색으로 보이게 된다. 그러한 '녹색, 푸른색'이란 의미를 나타낸다.

青綠 청록	---	파란색과 초록색의 중간색.
草綠 초록	---	푸른 빛깔과 누른 빛깔의 중간색. 잔디의 경우처럼 풀잎의 색.
綠茶 녹차	---	푸른빛이 그대로 나도록 말린 부드러운 찻잎이나 그 찻잎으로 우려낸 차.
綠衣紅裳 녹의홍상	---	연두저고리와 다홍치마. 젊은 여인의 고운 옷차림.

線
줄 선

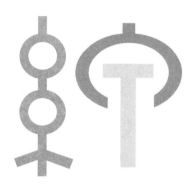

글자를 구성하고 있는 요소들을 하나하나 살펴보면 쉽게 그 의미를 떠올릴 수 있는 글자다. 하얀(白) 물줄기(水)가 실(糸)처럼 길게 연이어지는 것, 바로 폭포의 형상을 떠올릴 수 있을 것이다.

높은 절벽에서 떨어지는 하얀 물줄기가 하나의 선처럼 보이는 것을 떠올려 섬유를 가늘게 꼬아 만든 '줄'이란 의미를 나타낸 글자다. 통상적으로 그

예문

車線 차선	자동차 도로에서 차량의 주행 질서를 위하여 주행 방향으로 그어 놓은 선.
電線 전선	전류가 통하도록 만든 도체導體의 금속선. 전기선 또는 전깃줄.
線分 선분	직선 위의 두 점 사이에 한정된 직선.
無線 무선	전선이 없거나, 선으로 연결되어 있지 않은 상태. 무선 전화, 무선 다리미 등에서 사용됨.

어 놓은 금이나 줄을 이를 때에도 이 글자를 쓴다.

伏線복선

만일의 경우, 뒤에 생길 일에 대처하려고 남 몰래 미리 베푸는 준비라는
뜻이다. 소설이나 희곡 따위의 작품에서 뒤에 나올 사건에 대하여 미리
넌지시 비쳐 두는 서술방법을 가리키는 말이다.

美
아름다울 미

羊양 양과 大큰 대를 합친 형태다. 양이란 가죽, 고기, 젖, 그리고 털까지 어느 것 하나 버릴 것 없는 이로운 동물이다 보니 羊양 양이 들어간 글자들은 대부분 '좋다, 뛰어나다'라는 의미를 갖게 되었다는 내용을 앞에서도 강조한 바 있다. 거기에 성인남자의 모양을 그린 大큰 대를 합쳤으니 '뛰어난 사람'이란 의미를 나타낸 글자임을 알 수 있다. '좋다, 뛰어나다, 아름답다'란 의미를 나타낸다. 머리 장식으로 커다란 깃털을 꽂은 사람의 모습으로 봐도 쉽게 이해할 수 있다.

예문

美麗 미려	---	아름답고 고움.
美男 미남	---	잘생긴 남자.
美談 미담	---	남을 감동시킬 만한 갸륵한 행동에 대한 이야기.
美女 미녀	---	얼굴이 아름다운 여자. 미인美人.

모양 자체에서 이 글자가 나타내려고 하는 의미가 그대로 드러나 보이는 글자 중 하나다. 白흰 백과 활짝 펼쳐진 새의 두 날개의 모양을 그린 羽깃 우가 결합한 형태라는 것을 알 수 있다. 아래에 있는 白흰 백은 새의 알을 표현한 것이다. 알(白)에서 깨어난 아기 새가 엄마 새처럼 훨훨 날아오르기 위해서 열심히 날갯짓(羽)을 하며 연습을 하고 있는 모습인 것이다. 당연히 '익히다, 연습하다'란 뜻을 나타내려고 만든 글자다. 하얀(白) 새알이 白흰 백으로 바뀌었다고 생각하면 더욱 쉽게 기억할 수 있을 것이다.

예문

練習 연습	---	학문이나 기예 따위를 되풀이하여 익힘.
習得 습득	---	몸으로 익혀서 얻는다는 뜻이니 바로 배워서 터득함.
風習 풍습	---	풍속과 습관.
習字 습자	---	글씨 쓰기를 익힘.

衣
옷의

사람의 몸을 가려 주거나 추위와 바람을 막아 주는 역할을 하는 옷을 나타낸 글자다. 전체적인 옷깃, 특히 앞섶에 있는 옷깃 모양이 강조된 윗도리의 형상으로 '옷, 저고리'란 뜻을 나타낸다.

예문

衣服
의복
--- 전체적인 옷.

衣裳
의상
--- 衣옷 의는 윗도리를, 裳치마 상은 몸의 아래에 걸치는 치마 같은 것을 의미한다. 즉 여자가 겉에 입는 저고리와 치마, 옷.

上衣
상의
--- 웃옷. 사람의 상체에 걸치는 옷.

白衣民族
백의민족
--- 흰옷을 입는 민족. 예로부터 흰옷을 즐겨 입은 '한민족'을 이르는 말.

表
겉 표

　衣옷 의와 毛털 모가 교묘하게 엮인 형태로 옷의 바깥쪽에 털이 달려 있는 보이는 형태를 그린 글자다. 옛 글자의 형태를 보면 짐승의 가죽을 벗긴 후 털이 바깥으로 드러나도록 하여 만든 옷을 나타낸 것이니 털이 겉으로 드러나 있는 모피코트를 떠올리면 쉽게 이해할 수 있을 것이다. 털 부분을 나타내어 털이 있는 '바깥쪽'을 강조하였다. '겉,바깥 면'이라는 뜻을 나타낸다.

예문

表紙
표지　--- 책의 겉장.

表面
표면　--- 거죽으로 드러난 면. 겉. 겉면.

表現
표현　--- 겉으로 드러내어 나타냄. 表出표출.

表裏
표리　--- 겉과 속, 안과 밖.

聞
들을문

모양 자체에서 뜻이 드러나고 있는 단순한 글자다. 커다란 문의 형상인 門문 문에 사람의 귀 형상을 그린 耳귀 이가 합쳐진 것임을 금방 알 수 있다. 바로 문에다가 귀를 가져다 대고 안에서 나는 소리를 듣고 있는 모습을 표현한 글자로 '듣다, 소문'이란 뜻을 나타내고 있는 글자다.

예문

所聞
소문 --- 여러 사람의 입에 오르내리면서 전하여 오는 말.

風聞
풍문 --- 바람처럼 떠도는 소문.

見聞
견문 --- 보고 들음을 아울러 말하는 것.

聽聞
청문 --- 설교나 연설, 또는 증언 따위를 들음.

苦
쓸 고

　풀이나 나무를 의미하는 ⧾⧾(=艸)와 팔을 벌린 사람이 서 있는 모양이 변한 古옛 고의 형태가 합쳐진 구성이다. 사람들은 지붕이 있는 집안에서 편안하게 생활하는 것이 일반적이지만 이 글자에 나타난 사람은 지붕 아래가 아니고 나무나 풀 같은 자연 상태에서 생활하고 있음을 알 수 있다. '비나 바람에 노출된 상태로 살아가는 사람'을 그려 '고생스럽다, 어렵다, 힘들다'란 의미를 나타낸 것이다. '어려움'이란 의미에서 '쓰다'는 뜻까지 나타내게 되었다. 나중에 뿌리 부분이 쓴맛이 나는 풀인 씀바귀를 나타낼 때에 사용하기도 했다.

예문

苦難 고난	---	괴로움과 어려움. 苦楚고초.	苦樂 고락	---	괴로움과 즐거움.
苦惱 고뇌	---	괴로워함과 번뇌함.	苦行 고행	---	육신을 고통스럽게 하면서 깨달음을 얻으려는 수행법.

英
꽃부리 영

　꽃(++)과 가운데(央)란 뜻이 모여진 형태다. 꽃부리는 꽃잎 전체를 이르는 말이니 꽃 중에서 가장 아름다운 부분을 나타낼 때 쓰인다. '아름답다, 재능이 뛰어나다'라는 의미를 갖고 있다. 영국(England＝英吉利영길리)을 나타내는 약어略語로도 많이 사용된다.

英才 영재	---	뛰어난 재능이나 지능, 또는 그런 지능을 가진 사람.
英雄 영웅	---	재지才智와 담력과 무용武勇이 특별히 뛰어난 인물.
英特 영특	---	뛰어나게 英明영명함. '英明영명하다'는 것은 재주와 지능이 뛰어나며 사리와 도리에 밝다는 의미.
英譽 영예	---	빛나는 명예.

약 약

풀(⺿)과 즐거움(樂)이 합쳐졌다. 이 글자 역시도 가만히 생각을 해 보면 의미가 쉽게 파악되는 글자들 중 하나다. 말 그대로 즐거워지는(樂) 식물 (⺿)을 나타낸 것이다. 한의원에서 병을 고칠 때 많이 사용하는 약초를 떠올리면 쉽게 이해가 될 것이다. 몸에 탈이 생겨 병이 났을 때 복용을 하게

예문

藥草 약초	---	인삼, 천궁, 지황, 감초, 작약 따위의 병을 고치는 약으로 쓰이는 식물을 통틀어 가리키는 말.
補藥 보약	---	몸의 기운을 보충하는 약이란 뜻이니 병이 들어서 몸이 허약해진 환자들의 기운을 보완해주는 약.
藥局 약국	---	의약품을 파는 가게.
火藥 화약	---	충격이나 열 따위를 가하면 격렬한 화학 반응을 일으켜, 가스와 열을 발생시키면서 폭발하는 물질.

되면 곧 괴롭던 몸이 낫는 덕분에, 즐거워지는 식물이란 뜻이니 '약초, 약이란 의미를 가진 글자다. 줄기나 뿌리, 잎, 꽃 등을 이용해 사람의 건강을 지켜 주는 약초는 동양에서만 아니라 서양에서도 많이 쓰였다. 흔히 生藥생약이라고 표현되는 것들을 가리킨다.

사람(人)이 입을 벌려(口) 큰 소리로 누군가를 부르는 모습을 나타낸 号_호라는 글자와, 울음소리가 우렁찬 짐승인 호랑이(虎)를 합친 것이다. 온 산을 쩌렁쩌렁 울리는 호랑이 울음소리처럼 사람이 큰 소리를 낸다는 의미이니 '부르다, 이름'이란 뜻을 나타낸 글자다.

예문

號令
호령　---　큰 소리로 꾸짖거나 명령을 내림.

國號
국호　---　나라를 부르는 이름. 한 나라의 이름, 즉 국명國名.

番號
번호　---　차례를 나타내는 호수.

口號
구호　---　어떤 주장이나 실천할 일을 드러내어 입으로 외치는 간결한 말.

行
다닐 행, 항렬 항

이 글자 역시 옛 글자를 보면 금방 어떤 의미를 갖고 있는지 알 수 있는 글자에 속한다. 사방이 뚫려 있는 십자가의 모양이니 바로 사람들이 많이 다니는 네거리를 그림으로 나타낸 형상이다. '다니다, 움직이다, 행동하다, 행동'이란 의미를 갖고 있다. 이 글자가 부수로 사용되는 경우엔 어디로든 통할 수 있는 네거리를 강조한 것으로 보고 '수단, 방법'이란 의미를 나타내게 된다.

예문

行人 행인	---	길을 가는 사람.
行爲 행위	---	행하는 짓. 자유의사에 따라서 하는 행동.
善行 선행	---	착한 행동이나 선량한 행실 전체.
行列 항렬	---	친척 간의 선후. 이때는 '항'으로 읽는다.

術
재주 술

넓은 네거리(行)와 술의 원료가 되는 차조(朮)를 결합한 구성이다. 네거리(行)를 어디로든 통하는 '수단, 방법'이란 의미로 보아 '차조를 이용해 술을 만들어 냄'이란 뜻이라고 해석하면 '재주, 기술'이란 뜻을 나타낸 글자임을 쉽게 이해할 수 있다.

예문

藝術 --- 어떤 일정한 재료와 양식, 기교 등에 의하여 미美를 창조하고 표현하는 인간의 활동, 또는 그 산물 전체.
예술

心術 --- 온당하지 않고 고집스러운 마음, 놀부처럼 남이 잘못되는 것은 좋아하는 마음보.
심술

武術 --- 무기 쓰기, 주먹질, 발길질, 말달리기 따위의 무도에 관한 전반적인 기술.
무술

術法 --- 복술, 둔갑술, 축지법 따위의 방법이나 그 기술.
술법

앞서 新새 신에서 살펴본 바와 같이 왼쪽에 있는 글자는 立설 립과 木나무 목을 합친 모양. 즉 '세워 놓은 나무'란 뜻을 나타낸다. 예전에 부족국가나 마을을 성처럼 둘러싼, '나무로 만든 목책'을 뜻하는 것이다.

여기에 눈을 강조한 見볼 견을 합친 구성이니 부족국가나 마을을 에워싼 목책, 즉 나무울타리를 살펴보는 눈을 나타낸 글자다. 이러한 나무울타리는 틈새가 없어야 바깥에서 침입을 하지 못할 것이다. 그래서 그런 틈새가

예문

親舊 (친구) --- 오랫동안 친하게 사귀어 온 벗. 朋友붕우.

親分 (친분) --- 서로 아주 친밀한 정분.

親切 (친절) --- 아주 친하게 느껴질 정도로 정성스럽고 정다운 태도.

兩親 (양친) --- 나와 가장 가까운 아버지와 어머니, 두 분 모두. 부모父母.

없는 완벽한 울타리를 만들기 위해 주의 깊게 살펴보는 눈을 그렸다.

세워진 나무들을 서로 사이가 벌어지지 않도록 촘촘하게 세운 것을 표현하여 '가깝다, 친하다'라는 뜻을 표현하였다. 나와 가장 친하고 가까운 존재는 부모님이기 때문에 이 글자엔 '어버이'란 뜻도 있고 직접 나무를 가꾼다는 의미에서 '몸소, 스스로'라는 뜻도 있다.

角
뿔 각

날카롭게 솟아오른 소의 뿔을 형상화하여 짐승의 '뿔'이나 각이 진 '모서리, 각도'를 표현한 글자다.

예문

角度 각도	---	한 점에서 갈려 나간 두 직선의 벌어진 정도.
直角 직각	---	서로 만나는 두 직선이 이루는 90도의 각. 가장 통상적인 직각은 수직선과 수평선이 만나 만들어진다.
銳角 예각	---	뾰족한 각이란 의미이니 직각보다 작은 각.
角質 각질	---	동물의 몸을 보호하는 손톱, 발톱, 뿔, 부리, 깃 등을 형성하는 물질.

言
말씀 언

옛 글자의 형태를 보면, 입안으로부터 나오는 '말, 이야기'를 형상화한 글 자임을 알 수가 있다. 비슷한 모양으로는 音소리 음이 있다. 그러나 音소리 음 은 '피리를 입에 물고 있는 모양'으로 내용이 담겨 있지 않은 '소리' 그 자체 를 나타낸 글자인데 비해 이 言말씀 언은 입을 통해 나온 소리인 동시에 그 소리 안에 내용과 의미가 담겨져 있다는 점이 큰 차이이다.

예문

言語
언어
--- 생각이나 느낌을 음성으로 전달하는 수단과 체계. 말.

發言
발언
--- 말을 하는 것, 또는 자기의 의견을 말하는 행위 자체나 그렇게 해서 바깥으로 나온 말.

言動
언동
--- 말하는 것과 행동하는 것.

言論
언론
--- 말이나 글로 자기의 사상을 발표하는 일이나 그렇게 발표된 말이나 글.

어떤 물건을 열 개씩 구분하여 묶은 형상인 ＋열 십과 입에서 나오는 말을 형상화한 言말씀 언을 조합한 형태다. 오래전부터 숫자를 세는 데 이용되었던 손가락의 총 개수가 열 개였던 까닭으로 10단위로 수를 표시하는 십진법을 이용하게 된 것으로 생각된다. 십진법은 10, 100, 1000 등 10단위로 수를 표시하게 된다. 한자에서 ＋열 십은 딱 열 개의 개수를 나타낸다기보다

· 예문

計算
계산 --- 물건이나 돈 따위를 셈함.

合計
합계 --- 합하여 셈하는 것이나, 셈한 것을 모두 합친 것. 합산合算.

計策
계책 --- 꾀나 방책을 생각해 내는 것이나 그렇게 생각해 낸 그 꾀나 방책.

計劃
계획 --- 어떤 일을 함에 앞서, 방법이나 차례, 규모 등을 미리 잡는 것이나 그렇게 잡은 내용.

두 손을 쫙 펼친 숫자, 즉 '큰 수, 많은 수'라는 의미를 갖고 있다.

　이렇게 많은 숫자(十)에 관한 이야기(言)라는 의미를 나타낸 것이니 바로 '(숫자를) 세다'라는 뜻을 표현하기 위해 만든 글자다. 숫자를 잘 세려면 머리를 잘 굴려야 하기 때문인지 '꾀, 헤아림'이란 뜻도 함께 나타낸다.

訓
가르칠 훈

  사람이 입을 열어 이야기를 하는 형태를 나타낸 言_{말씀 언}에다 물이 계속 흘러내리는 모양의 川_{내 천}을 합한 구성이다. 물은 위에서 아래로 쉼 없이 흐르게 마련이니 이 글자는 윗사람이 아랫사람에게 좋은 말씀을 쉼 없이 전해주는 것을 강조한 것이 된다. '가르치다'라는 뜻을 갖고 있는 글자다.

예문

· 教訓
교훈 --- 사람으로서 나아갈 길을 그르치지 않도록 가르치고 깨우쳐 주는 것이나 또는 그러한 가르침.

家訓
가훈 --- 한 집안의 도덕적 실천 기준으로 삼은 가르침. 대부분 집안의 어른이 그 자녀들에게 주는 교훈. 가정교훈의 줄임말.

級訓
급훈 --- 학급의 교육 목표로 내세운 가르침.

訓戒
훈계 --- 타일러 경계할 수 있도록 하는 것.

讀
읽을독

言말씀 언과 賣팔 매를 결합한 구조다. 賣팔 매는 그물(网그물 망) 속에 잘 갈무리 해 놓았던 물건(貝조개 패)을 바같으로 내가는(出날 출) 모양이 변한 것으로, '물건을 팔다'라는 뜻을 표현한 글자다. 그런데 물건을 팔기 위해선 그냥 입을 다물고 있으면 안 되는 법. 그 물건의 장점과 소용되는 바를 입에 침이 마르도록 계속 선전을 해야 팔리게 마련이니, 이렇게 물건을 팔기(賣팔 매) 위해 계속 시끄럽게(言) 선전하는 모습을 표현한 것이다.

		예문

讀書
독서 --- 책을 읽음.

朗讀
낭독 --- 朗밝을 랑을 합쳤으니 밝은 목소리로, 낭랑하게 소리를 내어 읽음.

讀者
독자 --- 책, 신문, 잡지 따위의 출판물을 읽는 사람.

句讀點
구두점 --- 글을 읽는 데 도움을 주기 위하여 찍는 쉼표와 마침표.

옛날에는 책을 읽거나 글을 외우기 위해 끊임없이 큰 소리를 내며 읽는 경우가 많았다. 결국, 장사꾼이 물건을 팔기 위해 끊임없이 시끄럽게 소리를 내듯 '(책이나 글을) 읽다'라는 뜻을 나타내게 되는 것이다. 또한 '구절(句節)'이란 뜻을 나타낼 때엔 '두'라고 발음한다.

吏讀이두

신라 이후 한문 글자의 음과 새김을 빌어서 한문을 우리말 식으로 적어 사용하던 맞춤법을 말한다. 신라시대 원효대사의 아들, 설총이 만들었다고 알려져 있다. 이때, 발음에 주의해야 한다. '이독'이 아니고 '이두'라 발음해야 맞다. 앞에서 말한 것과 같이 '구절'이란 의미로 쓰였기 때문이다.

路
길 로

　왼쪽에 있는 것은 위로 올라가는 발의 모양(止)과 가려는 목적지를 그린 둥근 모양이 변한 口가 합쳐진 형태인 足발 족이다. 오른쪽에 있는 글자는 아래쪽으로 내려오는 발의 모양인 夂천천히 걸을 쇠와 가려는 목적지를 그린 둥근 모양이 변한 口를 합쳐서 만든 各각각 각이다. 이 두 글자가 서로 붙어 있는 모양이다. 목적지가 서로 달라 오고 가는 발을 강조해서 사람들이 자주 오가는 '길'이란 뜻을 나타낸 글자가 되었다.

	예문

道路 도로	---	사람이나 차들이 다니는 비교적 큰길.
路上 노상	---	길의 위쪽'이란 뜻이니 길을 가는 도중.
大路 대로	---	폭이 넓고 큰 길.
水路 수로	---	물이 흐르는 통로. 물길 또는 뱃길이라고도 한다.

361

身
몸 신

옛 글자를 보면 허리에 손을 대고 웃통을 벗어젖힌 채 배를 쑥 내밀고 서 있는 사람의 몸과 다리를 그린 것임을 알 수 있다. 배꼽을 강조한 하나의 점이 나중에 두 개의 선으로 변한 것은 젖꼭지와 배꼽을 위 아래로 그린 형태가 변한 것으로 보인다.

글자를 자세히 보면 팔을 허리 뒷부분에 올려놓고 다리를 짝짝이로 딛고 서 있는 사람의 모습을 쉽게 떠올릴 수 있을 것이다. 중국은 고온다습한

예문

身體
신체 --- 사람의 몸.

身長
신장 --- 몸의 길이. 사람의 키.

短身
단신 --- 키가 작은 몸. 軀몸 구를 써서 短軀단구라고 표현하기도 함.

獨身
독신 --- 홀로 있는 몸. 배우자가 없는 사람, 즉 아직 결혼을 하지 않은 홀몸.

지역이 많은 관계로 날씨가 더운 날에는 남자들이 웃통을 벗고 있는 경우가 많다. 그런 까닭에 외국인들이 많이 오는 각종 행사 때가 되면 반드시 웃옷을 걸치고 다니자는 캠페인까지 벌이는 경우도 적지 않다고 한다.

자세히 살펴보기만 해도 전체적인 의미를 어렵지 않게 가늠할 수 있는 그림들이다. 하나씩 나누어서 보자. 우선 왼쪽 상단에 있는 医(동개 예)는 방안에 누워 있는 환자의 모양을 그린 것이다. 사람의 모양을 나타낸 大가 矢의 형태로 변하였다. 나머지 부분은 상처를 입고 누워 있는 사람의 병을 돌보느라 몸을 숙이고 있는 모습(几)과 아래에 있는 술병(酉), 즉 알코올이 담긴

예문

醫師 의사	---	의술과 약으로 병을 고치는 직업에 종사하는 사람.
名醫 명의	---	이름이 난 의사라는 뜻이니 병을 잘 고친다고 소문이 난 의사.
醫學 의학	---	인체의 구조와 기능, 건강과 질병의 여러 현상을 연구하며, 건강 유지와 질병의 예방 및 치료에 관한 기술을 발전시켜 나가는 학문.
醫術 의술	---	병을 고치는, 즉 의학과 관련된 기술.

병을 잡고서 상처를 치료하는 손을 합친 형태임을 쉽게 알 수 있다.

정리를 하면, 아파서 누워 있는 사람을 다른 사람이 몸을 숙이고 소독약을 이용해 치료하고 있는 모양을 나타낸 형상이다. '의사, (병을) 고치다'라는 뜻을 나타내고 있음이 너무나도 분명한 글자다.

野
들 야

　처음에 '들, 들판'이란 뜻을 나타내던 글자는 나무와 흙을 합친 형태인 '埜들 야'로 나무가 무성히 자란 모양이 드러나 있는 형태였다. 그러나 나중에 사람이 모여 사는 지역을 의미하는 '마을(里)'이란 개념이 뚜렷해지자 사람이 살고 있는 마을(里)에서 멀리 떨어진, 나무들(予)이 울창한 지역이란 의미로 野들 야를 만들어서 사용하게 되었다. 우측에 있는 予나 여를 커다란 나무가 서 있는 모양이 변한 것으로 보면 쉽게 이해가 될 것이다. '사람이 사는 마을(里)과는 다르게 커다란 나무(予)가 서 있는 곳'이란 의미로 '들판, 거칠다'란 의미를 갖고 있다.

예문

野性 야성	--- 자연 또는 본능 그대로의 성질.	野外 야외	--- 집밖. 들판.
林野 임야	--- 숲이 있거나 개간되지 않은 땅. 山地산지.	荒野 황야	--- 거친 들판. 풀이 멋대로 자란 곳.

366

녹은 쇳물을 거푸집에 부어 넣은 모양을 그린 金쇠 금과 뒤를 돌아보고 있는 사람의 형상이 변한 艮머무를 간이 합쳐졌다. 제일 귀한 금속인 황금(金)보다 한 등급 뒤에 있는 금속을 돌아보는(艮) 것이라고 외우면 어렵지 않게 외울 수 있다. 즉 '은'을 의미하는 글자다. 예전에 은으로 화폐를 만들어 쓴 적이 있었기 때문에 '돈'이란 뜻도 가지고 있다.

예문

銀波 은파	---	은으로 된 물결이란 뜻이니 달빛이 비친 물결을 말한다. 흔히 은물결이라고 한다.
銀幕 은막	---	영화를 비춰 볼 수 있는 흰색의 '영사막'을 달리 이르는 말로 '영화계'를 비유할 때 사용하기도 한다.
銀河 은하	---	맑은 날 밤, 흰 구름 모양으로 길게 남북으로 보이는 수많은 별의 무리를 말한다. 은하수라고도 하고, 순우리말로는 '미리내'라고 한다.

　가만히 보고만 있어도 저절로 뜻을 알게 되는 대표적인 글자이다. 입구를 나타내는 커다란 문과, 그 문을 가로지른 빗장(一), 그리고 그 빗장을 들어 올리는 두 손이 보이는 듯하다. 바로 두 손으로 빗장을 들어 올려 문(門)을 열고 있는 모습을 그려서 '(문을) 열다'란 뜻을 표현한 것이다.

開閉
개폐 --- 문이나 봉투 따위를 열거나 닫거나 하는 일.

開封
개봉 --- 봉하여 막아 놓은 것을 떼어 여는 것.

再開
재개 --- 끊기거나 쉬었던 회의나 활동 따위를 다시 여는 것.

開始
개시 --- 행동이나 일 따위를 처음 시작하는 것.

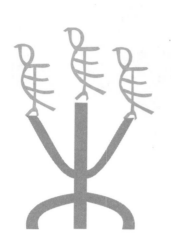

集
모을 집

원래의 모양은 나무 위에 세 마리의 새를 그려 넣은 형태였다. 여기서 세 마리란 의미는 '아주 많은 수'를 나타낸 것인데 원래 작은 새들은 떼로 몰려 다니기 마련인지라 점점 세 마리를 모두 그리는 경우가 줄어들게 되었다. 결국 지금의 모습처럼 한 마리만 대표로 나타내어도 원래 의도했던 '무리를 지은 새떼'란 의미를 나타낼 수 있다고 생각한 것으로 보인다. '모으다, 모이다'란 의미를 표현하는 글자다.

예문

集合 --- 한군데로 모이게 하거나 모음. 수학에서 일정한 조건을 만족시키는 것들을 한곳에
집합　　모은 것.

群集 --- 어떤 개체들이 한곳에 떼를 지어 모인 것.
군집

集會 --- 많은 사람이 일정한 때에 일정한 자리에 모이는 것이나 그런 모임.
집회

集結 --- 한곳으로 모이거나 모으는 것.
집결

빗자루의 모양이 변하여 아랫부분에 있는 ㅋ가 되었다. 거기에 기후 등의 자연현상을 나타내는 雨비 우가 결합되어 있는 구조다. 두 가지 뜻을 합치면 무엇이 될까? 바로 '빗자루를 사용해 쓸어내야 하는 기상 현상(雨)', 즉 하늘에서 내리는 '눈'을 표현한 글자이다.

예문

雪原 --- 눈에 뒤덮여 있는 벌판.
설원

降雪 --- 눈이 내림, 또는 그렇게 내린 눈.
강설

暴雪 --- 갑자기 엄청나게 많이 내리는 눈.
폭설

白雪 --- 하얀색의 눈.
백설

音
소리 음

옛 글자의 형태를 보면 입으로 악기를 물고 소리를 내고 있는 형상이다. 입의 모양이 日해 일이나 曰가로 왈의 형태로 바뀌었고, 입에 물고 있는 피리 등 소리가 나는 악기의 형상이 立설 립의 모양으로 변하였다. '소리'라는 뜻을 나타내는 글자다.

예문

音聲 음성	---	사람의 발음 기관에서 나오는 소리. 말소리. 목소리.
音樂 음악	---	사람의 생각이나 감정을 음의 높낮이나 길이를 이용하여 표현하는 예술.
發音 발음	---	혀의 모양이나 이, 입술 등을 이용하여 말을 이루는 소리를 나도록 하는 일, 또는 그 소리.
騷音 소음	---	듣기 싫을 만큼 소란한 소리.

오른쪽에 있는 글자는 사람의 몸 위에 있는 머리의 모양을 나타내어 '맨 위에 놓인 것, 또는 대표적인 것'이란 의미를 나타내는 頁머리 혈이다. 사람의 머리를 그린 원의 모양이 쓰기 편하도록 一로 변하였다. 왼쪽에 있는 것은 제기그릇(豆)의 둥근 몸통 부분을 나타낸 모양이다. 그러니 이 글자는 제사를 지낼 때 사용하는 납작한 그릇처럼 둥그렇게 생긴 '사람의 머리'를

예문

頭髮 두발	---	머리에 난 터럭. 머리털. 머리카락.
街頭 가두	---	도시의 길거리.
禿頭 독두	---	머리털이 없는 대머리를 이르는 말.
頭目 두목	---	頭머리 두는 정상, 맨 위, 우두머리 따위의 의미도 갖고 있다. 이 頭目두목은 주로 좋지 못한 무리의 우두머리를 말한다.

나타낸 글자가 된다. 직립을 하는 인간은 머리가 몸에 수평으로 있는 동물에 비해 머리가 몸통의 제일 위에 자리하므로 '우두머리, 맨 위, 처음'이란 뜻도 함께 갖고 있다.

　왼쪽에 있는 是_{옳을 시}는 日_{해 일}과 疋_{발 필}의 결합 형태다. 해의 움직임이란 의미인데 해는 언제나 동쪽에서 떠서 서쪽으로 지기 때문에 '변함이 없다, 바르다'라는 의미를 나타내기에 적당하다고 생각한 것이다. 그래서 이 是_{옳을 시}를 써서 '옳다, 바르다'라고 하는 뜻을 나타냈다. 오른쪽에 있는 것은 사람의 머리를 강조한 頁_{머리 혈}이다. 사람의 머리를 나타낸 것이니 '맨 위에 놓인 것, 또는 대표적인 것'이란 의미를 나타낸다. 결국 이 구성을 정리하면 어떤 글이나 책, 또는 이야기 따위의 내용을 한 눈에 바르게(是) 알아볼 수 있도록 한 글머리(頁)라는 뜻이 된다. 바로 '제목'이란 뜻을 나타낸 글자이다.

예문

題目 제목	책이나 문학 작품 등에서 그것의 내용을 보이거나 대표하는 이름.	表題 표제	책자의 겉에 쓰는 그 책의 이름. 신문이나 잡지에 쓴 기사의 제목.
主題 주제	연설이나 토론 따위의 주요한 제목, 또는 중심이 되는 문제.	問題 문제	해답을 필요로 하는 물음. 연구를 하거나 해결해야 할 사항.

벌레나 뱀의 모양을 그린 虫벌레 충이 들어가 있지만 실제로는 벌레나 뱀 따위와는 전혀 관계가 없다. 이 그림은 바람을 받아 크게 펼쳐진 돛의 형상을 나타낸 것이기 때문이다. 예전에는 천을 짤 수 있는 베틀 같은 기계가 대부분 크지 않았던 관계로 바람을 받아낼 수 있는 튼튼한 돛을 만들려면 여러 수십 장의 천을 덧대어야 했었다. 또한 바람을 이용하지 않을 때는 돛을

예문

颱風
태풍 --- 북태평양 남서부에서 발생하여 동북아시아 내륙으로 불어 닥치는 폭풍우. 열대성 저기압 중 최대 풍속이 매초 17m 이상 되는 것.

風俗
풍속 --- 예로부터 지켜 내려오는, 생활에 관한 사회적 습관. 풍기風氣.

微風
미풍 --- 미약한 바람. 솔솔 부는 약한 바람.

風向
풍향 --- 바람이 불어오는 방향.

아래쪽에 차곡차곡 접어서 보관하기 때문에 이리저리 주름이 생기게 마련이다. 이렇게 하여 생겨난 덧댄 천의 모양이나 접혀진 주름 자국들을 표현한 가로무늬들의 형태가 나중에 虫벌레 충으로 변한 것이다. 바람을 이용해 앞으로 나아가는 돛단배의 돛을 그려서 '바람'이란 뜻을 표현했다.

톡!톡! 상식

風月풍월

'서당개 삼 년이면 풍월을 읊는다'란 속담이 있다. 風月풍월이란 '아름다운 자연'이란 뜻도 있지만 여기서 이야기하는 풍월은 아름다운 자연 경치를 즐기면서 시문을 짓는 것을 가리키는 '吟風弄月음풍농월'의 준말로 봐야 옳을 것이다.

　왼쪽에 있는 食먹을 식은 뚜껑이 있는 그릇 안에 음식물이 담겨져 있는 모양이다. 그리고 오른쪽의 欠하품 흠의 원래 모양을 보면 입을 크게 벌리고 있는 사람의 형태를 나타낸 것이다. 즉 이 글자는 음식물이 담긴 그릇(食)을 붙잡고 입을 크게 벌린 채(欠) 먹고 있는 모습이다. 숟가락이나 젓가락 등의 도구를 갖추지 않은 상태에서 곧바로 입을 대고 있는 모습이니 바로 물이나 술 따위를 '마시다'라는 의미를 강조한 것이다.

예문

飲食 음식	---	사람들이 먹거나 마시는 것.
飲酒 음주	---	술을 마심.
食飲 식음	---	먹고 마심. 또는 그렇게 하는 일.
飲料 음료	---	사람이 갈증을 풀거나 맛을 즐기기 위하여 마시는 모든 액체 종류.

　왼쪽에 있는 骨뼈 골은 사람의 머리뼈, 즉 해골과 양 팔뼈, 그리고 가슴뼈를 함께 그려 인체를 구성하고 있는 뼈 부분을 나타낸 글자다. 오른쪽의 글자는 제사를 지낼 때 사용하는 그릇인 제기그릇 모양을 표현한 豆콩 두와 그 그릇 위에 수북하게 진열된 음식이나 곡식의 모양이 변한 曲굽을 곡이 합쳐져서 '풍성하다, 풍요롭다'라는 의미를 나타내는 豐풍성할 풍이다. 즉 '뼈'와 '풍부한 살', 이 두 가지를 합쳐 '몸(전체), 덩어리'란 뜻을 의미하게 된다

예문

身體 신체	---	사람의 몸 전체.
體育 체육	---	건강한 몸과 온전한 운동 능력을 기르는 일, 또는 그것을 목적으로 하는 교육.
體型 체형	---	체격을 겉모양의 특징으로 분류한 것.
體格 체격	---	사람 몸의 겉 생김새.

京높을 경, 서울 경과 비슷한 형태의 높은 구조물을 나타낸 글자다. 그러나 京에 비해 출입문을 확실하게 묘사하여 더 크고 높게 세워진 구조물의 모습을 묘사하였다. '높이, 높다'란 의미를 나타낼 때 사용한다.

예문

高速 --- 아주 빠른 속도. 高速度고속도를 줄인 말.
고속

高層 --- 여러 층으로 높이 겹쳐 있는 것. 그렇게 쌓인 건물이나 물건 중에서 높은 부분.
고층

高尙 --- 인품이나 학문, 또는 취미 따위가 정도가 높으며 품위가 있음.
고상

崇高 --- 존엄하고 거룩함.
숭고

옛 글자를 보면 머리에 관을 쓴 사람이 정장을 차려입은 모습임을 알 수 있다. 그런데 이런 모습과 '누렇다, 노랗다'라는 표현은 어떤 관계가 있을까. 그림을 자세히 보면 점 두 개가 보인다. 흙이나 먼지가 튀었음을 나타낸 것이다.

관을 쓰고 정장을 입은 사람은 아마 관리를 나타낸 것일 것이다. 중아의 관리는 일을 처리하기 위해 지방 곳곳을 돌아다니게 마련이다. 그런데 봄

예문

黃土 황토	---	누르고 거무스름한 흙.
黃菊 황국	---	노란색의 국화.
黃金 황금	---	누런색의 금. 돈이나 재물.
朱黃色 주황색	---	빨강과 노랑의 중간색.

이 되면 우리나라까지 날아오는 황사바람으로도 잘 알 수 있듯이 중국에는 황토가 무척 많다. 눈앞이 안 보일 정도로 모래바람이 부는 것은 다반사이고 중국고대문명의 발상지로 유명한 '黃河황하'도 그 이름이 '진흙탕 물이 흐르는 강'이란 뜻일 정도다.

그러니 이곳저곳을 돌아다니는 관리들의 옷에도 당연히 흙먼지가 잔뜩 묻을 것이다. 그래서 이 글자는 각자가 맡은 임무를 처리하기 위해 여기저기 돌아다녀야 하는 관리의 옷에 뿌옇게 묻은 흙먼지를 강조하여 '누렇다, 누런색'이라는 의미를 나타내고 있다. 당연히 황토로 이루어진 중국의 땅 색깔을 나타낼 때도 사용한다.

- 一(하나 일) 하나를 나타내거나 평평한 땅, 또는 기준이 되는 선을 의미한다. '하나, 첫째, 줄'의 의미를 나타낼 때 사용하는 부수이다.
- 丨(뚫을 곤) 물건을 수직으로 꿴 모양이거나 삐죽 올라온 모양을 나타낸다.
- 丶(불꽃 주, 심지 주) 불꽃의 모양을 나타낼 때도 쓰이고 어떤 행위나 장소를 강조하기 위해 점을 찍을 때 사용한다.
- 丿(삐칠 별) 오른쪽 위에서 왼쪽 아래로 미끄러지듯 뻗쳐 내려오는 형상을 표현했다.
- 乙(새 을) 구불거리며 올라오는 식물의 모양을 나타낸 것이다. 구불거리는 모양이 새의 형상을 나타낸 것처럼 보인 까닭에 '새'라는 뜻을 표현하기도 한다. '새, 구부리다, 굽다'란 의미를 갖고 있는 글자에 쓰인다.
- 亅(갈고리 궐) 물건을 찍어 올리거나 걸어 놓는 고리의 형상이다.
- 二(두 이) 두 가지 상반된 것을 나타내거나 두 개의 물건을 의미하는 글자이다.
- 亠(머리 두) 사람의 모양(人)이나 건물의 지붕 모양(宀)이 변한 부수이다.
- 人(사람 인) 서 있는 사람의 모습을 옆에서 본 모양을 그렸다. '사람, 사람이 하는 일'과 관련해 사용되는 부수이다.
- 亻(어진 사람 인) 몸을 적당히 구부리고 있는 사람을 나타낼 때나 구부린 다리를 강조할 때 사용한다. 人과 동일한 용도로 사용된다.
- 入(들 입) 땅으로 파고 들어가는 식물의 뿌리 형태나 움집으로 들어가기 위해 상체를 숙인 사람의 모양이다. '들어가다'라는 뜻을 갖고 있다.
- 八(여덟 팔) 어떤 물건을 반으로 꺾거나 잘라서 둘로 나뉜 형태를 나타낸다.
- 冂(멀 경) 잘 보이지 않을 정도로 아득히 멀리 있다는 큰 성이나 집의 모습을 대충 나타낸 것이다. '아득히 멀다'라는 뜻을 표현한다.
- 冖(덮을 멱) 지붕이나 뚜껑의 모양으로 '덮다, 나누다, 가리다'라는 뜻을 나타내는 부수이다.
- 冫(얼음 빙) 땅 위에 솟아오른 얼음의 모양이다. '얼다, 춥다, 차갑다, 굳다, 얼음'이란 뜻을 갖고 있는 글자에 자주 사용되는 부수이다.
- 几(안석 궤) 책상이나 팔걸이, 또는 제사상의 모양을 그린 것이다.
- 凵(입벌릴 감) 물건을 담는 그릇의 모양이나 움집의 형상을 나타냈다. '그릇, 상자, 담다, 움집'과 관련된 글자들에서 볼 수 있다.

- 刀(칼 도) 어떤 물건을 둘로 자르거나 무늬를 새길 때 쓰는 칼의 모양을 나타냈다. '칼, 자르다, 가르다, 새기다' 따위의 의미를 표현할 때 사용한다.
- 力(힘 력) 땅을 파는 가래나 삽 따위의 모양으로 '힘들다, 힘'이란 뜻을 나타낸 글자에 자주 쓰이는 부수이다.
- 勺(쌀 포) 사람이 몸을 굽히고 있는 것을 나타낸 모양이거나 팔을 길게 편 후 구부려 팔로 감싼 모양을 의미한다. '감싸다, 싸다'란 의미를 나타낼 때 사용한다.
- 匕(숟가락 비) 숟가락이나 국자의 모양, 또는 서 있거나 누워 있는 사람을 표현한 글자이다.
- 匚(상자 방) 뚜껑을 덮지 않은 상자의 모양을 나타냈다. 일정한 공간에 물건을 담아 두는 것을 나타낸 것이니 '상자, 담다'라는 뜻을 갖고 있다.
- 匸(감출 혜) 어떤 물건을 일정한 공간 속에 넣어 보이지 않게 감추는 것을 의미하는 부수이다.
- 十(열 십) 사람의 손가락 수와 같은 열 개의 묶음을 표현한 것이다. '10, 완전하다, 많다'란 의미를 나타낼 때 사용하는 부수이다.
- 卜(점칠 복) 거북이의 껍질에 불에 달군 쇠나 나뭇가지를 꽂아서 그 껍질이 갈라지는 형태를 보고 미래에 대한 예측을 하는 점을 치는 모습이다. '점을 치다, 예측하다'라는 뜻을 가지고 있다. 또한 어떤 물건의 바깥쪽을 표현한 기호를 그린 것이기도 한다. 이때엔 '바깥, 바깥 쪽'이란 의미를 나타낸다.
- 卩(㔾)(병부 절) 명령을 받고 있거나 식사를 하기 위해 무릎을 꿇고 있는 사람의 형상이다.
- 厂(기슭 엄, 언덕 한) 한쪽이 절벽처럼 된 언덕의 형상이다. '언덕, 낭떠러지'라는 의미를 갖고 있는 글자에 사용된다.
- 厶(사사 사) 땅을 파는 쟁기와 그 끝에 붙은 보습의 형상을 나타낸 글자이다. 좋은 도구를 사용해 농사를 짓게 되면 많은 수확물을 얻을 수 있어 '개인'에게 이익이 더 돌아갈 수 있으므로 '사사롭다'라는 뜻을 나타내기도 한다.
- 又(또 우) 오른손과 손가락의 모양을 나타냈다. 일반적으로 자주 사용하는 손이니 '또, 다시, 손, 잡다'라는 의미로 쓰이는 부수이다.
- 口(입 구) 사람의 입이나 건물의 출입구, 또는 그릇 등을 표현한 글자이다. '입, 말하다, 문, 그릇'과 관계가 있는 글자에 사용하는 부수이다. 임의의 물건이나 지역, 추상적인 어떤 것을 나타낼 때 사용한 둥근 모양이 네모난 모양으로 변하여 이 글자로 나타나는 경우도 많다.
- 囗(에울 위) 일정한 지역을 에워싼 모습으로 '지역, 울타리'란 뜻을 나타낸다.

- 土(흙 토) 땅 위로 솟은 흙의 형상을 나타낸 글자이다. '흙, 땅, 지방, 장소'라는 의미를 나타내는 글자에 사용된다.
- 士(선비 사) 전쟁이 끝나 평화스러워지자 자루를 뺀 도끼나 창을 따로 보관하고 있는 모습이다. 전쟁 때엔 무기를 들고 싸우던 무사들도 평화가 오면 무기를 놓고 일반적인 사무를 보는 일을 하는 법이어서 '선비, 사람'의 의미를 나타낼 때 사용하는 부수이다.
- 夂(뒤져올 치) 발의 형상을 나타낸 止그칠 지의 변형글자이다. 발을 천천히 움직이며 걸어 뒤로 자꾸 처지는 것을 의미한다.
- 夊(천천히 걸을 쇠) 뒤져올 치(夂)와 큰 차이 없이 사용된다. 발을 끌며 천천히 걷는 사람의 형상이다. 조정에 나아가거나 제사에 임할 때 경망스럽게 빨리 움직이면 예에 어긋난다고 생각했기에 몸을 흔들지 않고 조용히 걸었던 관습이 보이는 부수이다.
- 夕(저녁 석) 달이나 고기의 형상을 나타낸 것이다. 어둠이 짙은 깊은 밤에 또렷이 보이는 달(月)에 비해 흐릿하게 보이는 달의 형상으로 빛이 채 스러지지 않은 '저녁'이란 의미를 표현하거나 제물로 바치는 고기의 모양을 나타내기도 한다.
- 大(큰 대) 몸이 다 자라 머리와 팔다리의 균형이 보기 좋게 이루어진 형태를 그린 것으로 성인 남자를 의미하는 글자이다. '크다, 어른, 사람'이란 뜻을 나타낸다.
- 女(여자 녀) 무릎을 꿇은 채 손으로 작업을 하는 여자의 모습이거나 전쟁에 패하여 꿇어앉아 있는 모습을 한 포로나 노예, 종들의 모습이 변한 글자이다. '여자, 포로, 종'이란 의미를 가진 글자를 구성할 때 사용한다.
- 子(아이 자) 머리에 비해 아직 덜 자란 손과 발을 가진 어린애의 모양으로 '어린아이, 자손, 아들, 씨'란 뜻을 나타낸 부수이다.
- 宀(집 면) 집을 이루는 지붕과 벽의 형상을 단순하게 나타낸 모양이다. '집, 건물'이란 의미를 갖고 있는 글자에 주로 보이는 부수이다.
- 寸(마디 촌) 손가락을 구부려 아래에 점으로 표시된 물건을 잡는 모양으로 '마디, 간격, 작다'라는 뜻을 나타낸다.
- 小(작을 소) 모래알이나 물방울 등 아주 작은 물체를 나타낸 글자이다. '작다, 어리다'란 뜻을 나타낼 때 사용한다.
- 尤(절름발이 왕) 한쪽 다리가 굽은 사람의 모양이다. '곱사등이, 굽다'라는 의미를 갖고 있다.
- 尸(주검 시) 사람이 구부리고 있는 형상이다. '인체, 주검, 집'이란 의미를 갖는 글자에서 주로 보이는 부수이다.
- 屮(싹날 철, 왼손 좌) 돋아난 새싹의 줄기 형상이나 왼손의 모양을 본뜬 글자이다.

384

'싹이 나다'라는 의미를 갖고 있는 글자에서 보이는 부수이다.

- 山(뫼 산) 산의 모양을 그렸다. '산, 높음' 따위의 의미를 표현할 때 쓴다.
- 川(내 천) 물이 흘러내리는 모양이다. '물, 개울'의 뜻을 나타낼 때 사용되는 부수이다.
- 工(장인 공) 나무나 돌, 또는 쇠로 만들어 곡식을 빻아 가루로 만들거나 흙을 다질 때 사용하는 '공이'의 형상이다. '공이, 만들다'라는 뜻을 나타내는 글자에 많이 사용된다.
- 己(몸 기) 몸을 숙이고 있는 사람의 모양이나 끈으로 기록을 남기던 결승문자를 나타내는 글자이다. '몸, 문자, 내용'을 의미할 때 사용한다.
- 巾(수건 건) 허리에 차는 수건이나 장대에 널어 놓은 천의 모양이다. '천, 수건, 천을 짜다'라는 뜻을 나타내는 글자에 많이 사용된다.
- 干(방패 간) 적의 공격을 막는 도구인 방패의 모양이다. '막다, 방패'라는 의미를 가진 글자들에 사용된다.
- 幺(작을 요) 실을 만들어 타래를 지은 모양이나 작은 모양에서 비롯된 어린아이라는 뜻을 함께 갖고 있다. '작다, 어리다'는 의미에 가깝다.
- 广(집 엄) 언덕이나 바위에 의지하여 지은 집의 형상으로 '집, 공간'이란 뜻을 가진 글자에 많이 사용된다.
- 廴(길게 걸을 인) 사거리 行행에서 왼쪽 모양만 따온 彳걸을 척의 모양을 길게 늘여서 천천히 걷고 있는 모양을 나타낸 부수이다. '도로, 걷다'라는 의미를 가진 글자에 사용된다.
- 廾(들 공) 두 손을 모아 무엇을 받들고 있는 형상이거나 두 손을 맞잡은 모양을 나타냈다. '손으로 들어 올리다'라는 의미를 나타낼 때 사용된다.
- 弋(주살 익) 줄 달린 화살이나 창의 모습이다. '말뚝, 화살'이란 의미와 관계가 있다.
- 弓(활 궁) 화살을 쏠 때 사용하는 '활'의 모양이다. '힘, 활과 관계 있는 글자에 사용되는 부수이다. 사람이 몸을 구부리고 있는 형상을 나타내는 경우도 있다.
- 彐(彑, 彐)(돼지머리 계) 돼지의 머리 모양이나 두레박의 형상을 나타낸 글자이다.
- 彡(터럭 삼) 여인의 가지런한 머리털이나 남자의 수염의 형상으로 '좋다, 아름답다, 장식하다'라는 뜻과 깊은 관련이 있다.
- 彳(걸을 척) 네거리를 나타낸 行행에서 왼쪽 길만을 그린 것으로 '걷다, 길'이란 의미와 연관이 있다.
- 阝(阜)(좌 부) 阜언덕 부가 왼쪽으로 위치하여 변으로 쓰일 때 사용하는 글자이다. '언덕, 높은 토지, 크다'라는 의미를 나타낼 때 사용하는 부수이다.
- 阝(邑)(우 부) 사람들이 많이 모여 사는 고을을 나타낸 邑고을 읍을 오른쪽에 위치하게

하여 사용하는 글자로 '사람, 마을, 지역, 장소'와 관련이 있다.

- 心(忄)(↑)(마음 심) 제물로 바쳐지거나 사냥을 통해 잡은 짐승의 심장 모양을 나타낸 글자이다. '마음, 심장, 느낌, 중앙'이란 의미와 관계가 있다.

- 戈(창 과) 자루와 칼날이 달린 길다란 무기인 창의 모양을 그렸다. '전쟁, 무기, 도구'란 뜻과 관련이 있다.

- 戶(지게문 호) 한 짝으로 이루어진 작은 문의 형상으로 '문, 집, 사람'이란 의미로 사용된다. 어떤 물건을 잡거나 만들고 있는 손의 모양이 변한 것으로 사용되는 경우도 종종 있다.

- 手(扌)(손 수) 다섯 개의 손가락으로 이루어진 손의 모양으로 '손, 들다, 잡다'라는 뜻을 표현할 때 자주 사용된다. 줄여 쓴 '扌'는 '재방 변'이라고 읽기도 한다.

- 支(지탱할 지) 기다란 나뭇가지를 들고 몸을 지탱하는 모양으로 '가지, 지탱하다, 가르다'라는 뜻과 연관이 깊다.

- 攵(칠 복, 등글월 문) 文글월 문과 비슷한 형태인 관계로 등'글월 문'이라고 부르는 글자이다. 손에 나뭇가지 등을 잡고 사람을 치는 형상이나 어떤 것을 가리키고 있는 것을 나타낸 것으로 攴칠 복과 같은 뜻, 같은 내용을 담고 있는 부수이다.

- 文(글월 문) 주역의 괘를 이루는 여섯 개의 가로 그은 획의 모양을 나타낸 爻점괘 효의 모양이 변한 것이다. '문양'이나 '무늬'라는 의미였는데 '글자, 문장' 또는 '꾸미다'란 의미까지 갖게 되었다.

- 斗(말 두) 곡식이나 액체 등을 담은 손잡이 달린 그릇, 즉 국자의 형상이나 북두칠성을 나타내는 글자이다. '담다, 국자, 용량'이란 뜻을 내포하고 있다.

- 斤(도끼 근) 날이 서고 자루가 달린 도끼의 형상과 무게의 단위 등으로 쓰이는 글자이다. '무기, 도끼, 무게'라는 뜻과 관련이 깊다.

- 方(모 방) 땅을 파헤치는 쟁기의 모양과 함부로 행동하는 사람의 모양, 그리고 군대에서 사용하던 깃발 달린 깃대의 모양 등이 변한 글자이다. '바르다, 군사, 제멋대로 하다'라는 뜻과 관련이 있다.

- 无(없을 무) 사람의 머리 위에 있는 허공을 나타낸 것으로 '없다'라는 뜻을 갖고 있는 글자이다.

- 日(날 일) 태양의 모습을 그렸다. '해, 하루, 낮, 날, 매일매일'이란 뜻과 관련이 깊다.

- 曰(가로 왈) 굳게 다문 입과 그 입에서 나오는 말을 형상화한 글자이다. '말하다, 가로되'라는 뜻을 나타낸다.

- 月(달 월) 달의 모양을 나타낸 경우와 肉고기 육의 형태가 변한 경우, 그리고 舟배 주의 모양이 변한 경우가 있다. '달, 기간, 몸, 배' 따위의 의미를 나타내는 한자에 많이 사

용되는 부수이다.

- 木(나무 목) 나무의 가지와 줄기, 그리고 뿌리를 나타냈다. '나무, 수목'과 관련 있는 글자에 대부분 사용된다.
- 欠(하품 흠) 입을 벌리고 있는 사람의 모양이다. '노래하다, 이야기하다, 먹다, 마시다, 감탄하다'라는 의미를 나타낼 때 사용되는 부수이다.
- 止(그칠 지) 멈춰 서 있는 발의 형상이다. '머무르다, 서다, 그치다'란 뜻을 나타낸다.
- 歹(앙상한 뼈 알) 동물이 죽어 살이 다 떨어진 뼈를 그린 모양이다. '뼈, 죽음, 나쁘다'란 의미를 가진 글자에서 자주 볼 수 있다.
- 殳(칠 수) 몽둥이나 회초리를 들고 있는 손의 형상으로 '창, 몽둥이, 치다'라는 의미를 표현하는 부수이다. 엎드린 사람과 손을 나타내어 '일이 되게 하다, 일을 시키다'란 의미를 나타내기도 한다.
- 毋(말 무) 어떤 물건을 꽁꽁 싸맨 모양으로 '못하게 하다, 금지하다'란 의미를 갖게 된 부수이다.
- 比(견줄 비) 두 사람이 나란히 서 있는 모양으로 '비교하다, 여러 사람, 견주다, 나란하다'라는 의미를 갖고 있다.
- 毛(털 모) 짐승의 긴 꼬리에 난 털이나 새의 깃털의 형상으로 '털, 터럭, 풀'을 나타내는 글자에 사용된다.
- 氏(뿌리 씨, 성 씨) 윗사람에게 상납하기 위해 마련한, 자신이나 자신의 부족을 대표할 수 있는 상납품을 들고 있는 사람의 모양이다.
- 气(기운 기) 아지랑이나 김, 수증기 따위를 형상화한 것이다. '기운'이란 의미를 나타낸다.
- 水(氵)(물 수) 아래로 흘러내리는 물의 모양을 그린 것으로 '물, 액체, 강'과 관련된 글자들에 많이 쓰이다.
- 火(불 화) 나무에 붙은 불길이 위로 솟구치는 모양을 표현했다. '불, 태우다, 뜨겁다'란 의미를 나타낸다. 가끔 짐승의 발이나 꼬리, 날개 등을 나타낸 글자가 변하여 이 글자로 표현되는 경우도 있다.
- 爪(손톱 조) 손을 굽혀 아래의 물건을 잡거나 사람을 억압하는 모양을 나타낸 글자로 '손, 잡다, 긁다, 누르다'라는 의미를 나타낸다.
- 父(아버지 부) 사냥을 하거나 농사를 지을 때 사용하는 도구를 든 손으로 '아버지'를 의미하는 글자를 만들었다.
- 爻(점괘 효) 서로 엇갈린 무늬를 그린 모양이다.
- 爿(조각 장) 나무(木)를 쪼갠 형상의 우측 모양을 나타낸 것이기도 하고 제사를 지낼

때 사용하는 상의 모양을 나타낸 것이기도 한다. '조각, 상'이란 의미를 갖고 있는 글자에 사용된다.

- 片(조각 편) '木' 자의 우측 절반의 모양이다. '한쪽, 작은 모양'을 의미한다.
- 牙(어금니 아) 입의 안쪽에 난 어금니나 코끼리의 상아를 묘사한 것으로, '이빨'과 관련이 있는 글자이다.
- 牛(소 우) 뿔이 양쪽으로 솟아난 소의 모습이다. 농사에도 쓰이던 소는 제물로 바쳐지는 경우도 많았으므로 '제사, 큰 물건, 농사'란 내용을 담은 글자에서 자주 볼 수 있다.
- 犬(犭)(개 견) 귀가 쫑긋한 개의 형상이다. '짐승, 개'라는 의미로 사용된다.
- 罒(网)(그물 망) 새나 물고기를 잡을 때 사용하는 그물의 모습으로 '그물, 감옥, 주머니, 가방'이란 의미로 사용된다.
- 耂(늙을 로) 길게 늘어뜨린 머리와 굽은 허리의 모양으로 늙은 사람을 나타내었다. '노인, 늙다, 노련하다'와 관련된 글자에 많이 보인다.
- 辶(쉬엄쉬엄 갈 착) 네거리의 형태가 변한 彳조금 걸을 척과 걸음을 걷는 발 모양이 변한 止그칠 지가 합쳐진 것으로 '걷다, 길을 가다, 움직이다' 등의 의미를 나타낼 때 사용하는 부수이다.
- 玄(검을 현) 너무 가늘어서 실이 잘 보이지 않는 것이나 덮개를 덮어 어두움을 의미하는 글자이다. '검다, 아득하다, 그윽함, 멀다'라는 의미를 표현하는 부수이다.
- 玉(구슬 옥) 귀한 돌인 옥을 나타낸 글자이다. '구슬, 옥, 귀함'을 의미할 때 사용하는 경우가 많다.
- 瓜(외 과) 덩굴에 매달린 오이나 참외 따위의 형상을 본뜬 글자이다.
- 瓦(기와 와) 찰흙이나 진흙으로 빚어 구워 만든 기와가 겹겹이 포개져 있는 형상이다. '기와, 토기'를 나타낸 부수이다.
- 甘(달 감) 입 가운데 음식물을 넣고 삼키지 않은 형상으로 '달다, 맛이 뛰어나다'라는 의미를 나타낼 때 사용되는 부수이다.
- 生(날 생) 땅에서 솟아오른 새싹의 형상이니, '나다, 낳다, 생기다, 날 것'과 관련된 글자에서 찾아볼 수 있다.
- 用(쓸 용) 부젓가락을 화로에 꽂아 놓은 형상으로 '쓰다, 작용하다, 용도'란 의미로 사용되는 경우가 많다.
- 田(밭 전) 땅을 일구어 고랑을 파 놓은 형상을 나타낸 글자이다. '농사, 밭과 관련한 글자에 많이 사용된다.
- 疋(필 필, 발 소) 사람의 종아리에서 발까지의 형상을 본뜬 부수로 '발'에 관련된 글

자에 사용된다. 疋짝 필과 함께 사용했기 때문에 '필'이라고도 읽는다.

• 疒(병들 녁) 병이 든 사람이 누워 있는 침상의 모양이 변했다. '질병'과 관련된 글자에 자주 쓰이는 부수이다.

• 癶(걸을, 필 발) 바깥이나 위를 향하고 있는 두 발의 모양이다. '걷다, 서 있다, 벌리다'란 의미를 갖고 있다.

• 白(흰 백) 엄지손톱의 모양으로 '밝다, 희다, 으뜸'이란 의미로 사용된다.

• 皮(가죽 피) 짐승의 껍질을 손으로 벗기는 모양이다. '가죽, 옷, 껍질'이란 의미를 나타내는 경우에 사용된다.

• 皿(그릇 명) 음식 따위를 담아 놓을 수 있는 속이 움푹 패인 그릇의 모양이다. '그릇, 용기'를 나타내는 글자와 관련이 있다.

• 目(눈 목) 눈의 모습을 세로로 세운 글자이다. '눈, 보다, 감시하다'란 의미와 관련이 깊다.

• 矛(창 모) 긴 자루 끝에 날카로운 창날이 달린 무기의 모양이다. '창, 창의 자루'란 의미를 가진 글자에 사용된다.

• 矢(화살 시) 사냥이나 전쟁에 사용되던 화살의 모양이다. 가끔은 사람(大)의 모양이 변한 형태로 사용될 때도 있다. '화살, 사람'이란 의미를 나타낸다.

• 石(돌 석) 모서리가 날카로운 돌의 모습을 그렸다. '바위, 돌, 광석, 화학물질'에 관련한 글자에서 자주 사용된다.

• 示(보일 시) 제사를 지내기 위해 음식을 올려놓은 제사상의 모양이다. '제사, 복, 화, 귀신'에 관련된 글자들에서 많이 발견되는 부수이다.

• 禸(짐승 발자국 유) 나뭇가지를 잡고 있는 새의 발 모양을 본떠 '짐승의 발자국'이란 의미로 사용되는 글자이다.

• 禾(벼 화) 다 익어서 이삭이 숙여진 벼의 모양이다. '벼, 곡물, 농사'라는 의미를 주로 나타내는 글자들에서 많이 볼 수 있는 부수이다.

• 穴(구멍 혈) 사람이 기거할 수 있도록 땅을 파내거나 굴을 넓힌 것을 의미한다. '구멍, 굴, 자리'라는 의미와 관련이 많다.

• 立(설 립) 성인이 땅 위에 서 있는 모양을 나타냈다. '세우다, 서다, 서 있는 사람'이란 의미를 나타낼 때 사용하는 경우가 많다.

• 竹(대 죽) 길게 자란 대줄기와 이파리를 표현했다. 옛날에는 대나무를 종이 대신 사용하는 경우가 많았으므로 '서류, 종이, 책, 피리'라는 의미와 관계가 깊은 부수이다.

• 米(쌀 미) 벼의 이삭의 모양을 나타낸 글자로 주로 '곡식, 가루'를 의미할 때 사용된다.

• 糸(실 사, 가는 실 멱) 가느다란 실을 엮어 놓은 모습이다. '실, 천, 옷, 연결되다'라는

뜻을 나타낸다.

- 缶(장군 부) 간장이나 술 따위를 담는 질그릇을 의미하는 '장군'의 모양이다. 주로 그릇이나 도자기에 관련된 글자에 많이 사용된다.

- 羊(양 양) 굽은 뿔을 가진 양의 모습을 나타낸 글자이다. 양은 하나도 버릴 것이 없는 유익한 동물이므로 '좋다, 유익하다, 훌륭하다'라는 의미를 나타낸다.

- 羽(깃 우) 새의 양 날개의 모습이다. '새, 날아가다, 날갯짓, 익히다'라는 의미를 가진 글자에서 많이 사용된다.

- 而(말이을 이) 턱 아래 난 수염을 그린 것으로서 '선비, 제사' 따위의 의미와 관련이 있다.

- 耒(쟁기 뢰) 밭을 갈 때 사용하는 쟁기를 잡은 손을 나타냈으니 '농사'와 관련이 많다.

- 衣(衤)(옷 의) 옷, 특히 윗도리를 나타낸 형상으로 '옷'과 관련이 많은 부수이다.

- 耳(귀 이) 사람의 귀를 나타낸 그림이니 '듣는 것'과 관련이 있다.

- 聿(붓 율) 털이 달린 붓을 잡고 있는 손의 형상으로 '건축, 길, 법령' 등과 관계가 있다.

- 肉(月)(고기 육) 사람(人)+안(內)의 구조로서 몸의 내부, 즉 '신체, 몸, 장기, 먹을 것'에 관한 글자에 많이 등장한다.

- 臣(신하 신) 엎드린 채 올려다보고 있는 눈을 그려 '신하'란 글자를 만들었다. 보는 것, 감독하는 것과 관련이 많다.

- 自(스스로 자) 사람의 코를 그린 모양이니 '코, 자기, 본인'이란 뜻을 가진 글자와 연관이 많다.

- 至(이를 지) 화살이 날아와 땅에 박힌 모습이다. '곳, 장소'라는 뜻을 나타낼 때 사용하는 경우가 많다.

- 臼(절구 구) 가운데가 비어 있는 형상으로 절구를 나타냈다. '그릇, 절구, 농사'와 연결된다.

- 舌(혀 설) 입에서 삐죽이 솟아난 혀를 표현한 글자로 '혀, 언어, 이야기'와 연결되는 글자이다.

- 舛(어그러질 천) 양쪽 발을 함께 그린 모양이니 '발, 걷다, 춤추다'란 의미를 나타낸다.

- 舟(배 주) 가운데가 비어 있는 배의 모습으로 '가다, 운반하다, 뜨다'란 의미를 나타낼 때가 많다.

- 艮(머무를 간) 선 채로 돌아보고 있는 사람의 눈을 나타낸 것으로 '보다, 끝'이란 뜻을 나타내는 경우가 많다.

- 色(빛 색) 여자를 뒤에서 끌어안고 있는 남자의 모습으로 '색깔, 빛, 안색' 등의 뜻을 나타낼 때 사용한다.

- ⺾(艸)(풀 초) 땅에서 솟아나는 새싹의 모습이나 관리가 쓰고 있는 관, 또는 새의 머리에 솟아난 깃털 따위를 표현한 글자로 '식물, 풀, 관리, 새의 볏'이란 의미를 표현한다.
- 虍(범 무늬 호) 입을 벌린 호랑이의 모양을 간략하게 그린 것이니 '사나운 짐승, 호랑이'란 의미를 갖는다.
- 虫(벌레 충) 땅위를 기어 다니는 파충류나 곤충 등을 표현한 글자로 '뱀, 곤충'을 표현하는 경우가 많다.
- 血(피 혈) 쟁반이나 그릇에 남아있는 제물의 피를 그렸다. '피, 혈연, 동맹'이란 의미를 갖는다.
- 行(다닐 행) 사방으로 넓게 트여진 사거리를 그려 한길을 표현한 것이니 '넓은 사거리, 가다, 움직이다'란 의미를 나타낸다.
- (덮을 아) 귀한 물건을 담고 다시 싸맨 그림으로 '덮다'란 뜻을 나타낸다.
- 見(볼 견) 커다랗게 뜨고 있는 눈과 사람의 다리를 합쳐 '보다, 의견'이란 뜻을 의미할 때 사용한다.
- 角(뿔 각) 뾰족하게 튀어나온 소의 뿔을 그린 것이다. '모서리, 뿔, 각'을 의미 한다.
- 言(말씀 언) 입안에서 움직이는 혀의 모양으로 '말하다, 이야기, 언어'란 뜻을 표현했다.
- 谷(골 곡) 물이 아래로 흘러 고여 있는 모양으로 '계곡, 넓게 고임'을 나타내는 경우가 많다.
- 豆(콩 두) 주로 제사 때 사용하던 뚜껑과 발이 달린 그릇의 모양이다. '제사 그릇, 제사, 콩, 받침대'란 뜻을 표현하는 경우가 많다.
- 豕(돼지 시) 뚱뚱한 몸집을 가진 집돼지나 땅을 파헤치는 멧돼지의 모습을 그렸다. '짐승, 돼지, 땅을 파다, 열심히 하다'란 의미와 관련이 있다.
- 豸(벌레 치) 입을 벌리고 달려드는 사나운 짐승을 묘사한 글자이다.
- 貝(조개 패) 커다란 솥의 모양을 줄여 그린 것이거나 돈으로 사용되던 귀한 조개를 그린 글자이다. '재산, 귀중품, 솥'이란 뜻을 나타낸다.
- 赤(붉을 적) 큰(大) 불(火)을 그려 '붉다'란 의미를 나타낸 글자이다.
- 走(달릴 주) 뛰어가는 사람과 그 발을 그려서 '달리다'라는 뜻을 나타냈다.
- 足(발 족) 동그란 무릎 뼈와 발바닥을 그려 사람의 발을 표현했다. '발, 걸음, 걷다'란 의미를 갖고 있다.
- 身(몸 신) 임신한 여자의 몸을 그려 '사람의 몸, 신체'란 뜻을 갖고 있는 글자이다.
- 車(수레 차, 수레 거) 바퀴 달린 수레를 그렸다. '수레, 가다, 전쟁, 전차'란 의미를 나타낼 때 많이 사용한다.

- 辛(매울 신) 얼굴에 죄목을 새기는 날카로운 형벌 도구의 모양이다. '죄, 죄인, 포로, 노예' 따위의 의미를 갖고 있다.
- 辰(별 진) 여린 살을 가지고 있는 커다란 조개의 모양을 표현했다. 옛날에는 조개의 큰 껍질을 농기구로 이용하기도 했다. '농사, 조개, 별'과 관련되어 많이 사용된다.
- 酉(닭 유) 술이 가득한 술독의 형상을 표현했다. 햇대에 앉은 닭을 나타내기도 한다. '항아리, 술, 닭'이란 뜻으로 많이 쓰인다.
- 采(나눌 변) 사람이나 짐승의 발자국을 표현한 글자이다. '분간하다, 판별하다, 발자국'이란 뜻이다.
- 里(마을 리) 사람이 노력을 하여 개간한 밭이 있는 마을을 표현했다. '사람들이 사는 마을, 사람의 노력'이란 뜻을 갖고 있다.
- 金(쇠 금) 화살 모양의 형틀에 부어 넣은 뜨거운 쇳물이 넘쳐흐르는 형상이다. '주물, 쇠로 만든 것, 귀중품, 금'이란 뜻을 나타낸다.
- 長(길 장) 길게 자란 머리카락을 표현하여 오래 산 사람의 모습을 표현했다. '길다, 장로, 뛰어나다'라는 의미를 나타낸다.
- 門(문 문) 양옆으로 열리는 대문의 형상을 나타낸 글자이다. '출입문, 방법, 문중, 파벌'이란 뜻을 표현할 때 사용되는 경우가 많다.
- 隶(미칠 이) 앞서 가는 짐승을 쫓아가 꼬리를 잡은 손의 모습이다.
- 隹(새 추) 날개를 접은 새가 앉아 있는 모습이다. '새, 날다'라는 의미를 가졌다.
- 雨(비 우) 하늘에서 내리는 비의 모양으로 자연현상을 나타냈다. '기후, 자연현상, 비, 물'란 의미를 나타내는 경우가 많다.
- 靑(푸를 청) 사람이 인위적으로 길러 자라난 곡식이나 나무의 모양이다. '푸르다, 파란색, 젊다, 깨끗하다, 싱싱하다'란 의미를 표현한다.
- 非(아닐 비) 새의 날개가 서로 엇갈려 있음을 표현했다. '죄, 잘못'이란 의미를 나타낸다.
- 面(얼굴 면) 사람의 두 눈과 코, 얼굴의 옆선을 강조하여 사람의 얼굴을 나타내었다. 양쪽 눈이 합쳐져서 一로 변했다.
- 革(가죽 혁) 짐승의 가죽을 완전히 벗겨낸 형상을 나타낸 글자이다. '가죽, 바꾸다'란 의미를 나타낸다.
- 韋(가죽 위) 일정한 지역을 걸어 다니면서 지키고 있는 것을 그린 것이다. '지키다, 늘인 가죽'이란 뜻을 나타낸다.
- 韭(부추 구) 땅 위에 자라난 부추를 그린 글자이다.
- 音(소리 음) 입에 물고 있는 피리에서 소리가 나는 것을 표현했다. '소리, 의미, 노

래'란 뜻을 나타낸다.

- 頁(머리 혈) 사람의 머리를 나타낸 모습이다. '사람, 얼굴, 머리'를 나타낼 때 사용하는 경우가 많다.
- 風(바람 풍) 배에 달린 돛폭에 바람이 가득 찬 모습을 나타냈다. 가운데 虫벌레 충은 커다란 돛을 만들기 위해 여러 가지 천을 덧댄 형태가 변한 것이다. '바람, 풍습'과 관련한 글자에 많이 사용된다.
- 飛(날 비) 장대에 묶인 깃발들이 바람에 펄럭이고 있는 형상이다. '날다, 날개, 빠르다'라는 의미와 관계가 깊다.
- 食(먹을 식) 먹을 것이 가득 담긴 그릇을 묘사한 글자이다. '먹다, 식사, 그릇'을 나타낸 글자와 관련이 있다.
- 首(머리 수) 사람의 머리털과 머리를 그렸다. 머리는 제일 높은 곳에 있으므로 '우두머리, 사람의 머리, 체면, 으뜸'이란 뜻을 나타낸다.
- 香(향기 향) 기장(黍)과 혀(甘)를 나타낸 모양이 변한 글자로 맛이 있음을 나타낸 글자이다. '맛있다, 향기롭다, 내음'을 나타낸 글자에 많이 쓰인다.
- 馬(말 마) 갈기를 강조하여 그린 말의 모양이다. '말, 뛰다, 빠르다'를 의미하는 글자에 사용된다.
- 骨(뼈 골) 사람의 머리뼈, 즉 해골의 모양과 양 팔 뼈, 그리고 가슴뼈를 나타낸 글자이다. '뼈, 골조, 신체, 죽음'과 관련이 있다.
- 高(높을 고) 높게 쌓아올린 건축물의 형상을 표현했다. '높다, 으뜸, 최고'란 의미를 가진 글자에 많이 사용된다.
- 髟(머리털 표) 긴 머리카락이 멋지게 늘어진 것을 그린 형상이다.
- 鬪(싸울 투) 머리를 풀어헤친 두 사람이 주먹을 들고 싸우는 모양이다.
- 鬯(술이름 창) 그릇 안에 여러 가지 곡물을 넣어 술을 빚은 모양이다.
- 鬲(솥 력, 막을 격) 음식을 익히는 솥의 세 다리를 강조한 글자이다.
- 鬼(귀신 귀) 이상한 형태의 얼굴 가면을 쓴 모양을 강조하여 '귀신'을 표현한 글자이다.
- 魚(물고기 어) 비늘과 지느러미를 표현하여 '물고기'란 뜻을 나타낸 부수이다.
- 鳥(새 조) 날개를 강조하여 '새'란 뜻을 나타냈다.
- 鹵(소금밭 로) 소금을 담은 주머니를 그린 것이다.
- 鹿(사슴 록) 멋진 뿔을 가진 사슴을 보이는 대로 그린 것이다.
- 麥(보리 맥) 벼 이전에 사람들의 주곡으로 이용되던 보리의 모양이다. '보리, 곡식, 양식'이란 뜻으로 사용된다.

- 麻(삼 마) 천을 짤 때 사용하는 식물인 삼의 형태를 그렸다. '천, 마'와 관계 있는 글자에 많이 사용된다. 마는 연기를 마시게 되면 몽롱해지는 특성이 있으므로 '어지럽다, 좋지 않다'라는 의미에 사용되기도 한다.
- 黃(누를 황) 먼 길을 다니는 사람들의 옷에 묻은 진흙이나 황토를 나타내 '누렇다, 노란색'이란 의미를 가지는 글자이다.
- 黍(기장 서) 술을 담그는 재료인 기장의 모양을 표현한 글자이다.
- 黑(검을 흑) 그을음이 가득한 굴뚝이나 얼굴에 죄명을 먹으로 새긴 죄수, 또는 얼굴에 칠을 한 제사장을 나타낸다. '죄수, 제사장, 굴뚝, 그을음' 따위와 관련이 깊은 부수로 사용된다.
- 黹(바느질할 치) 바느질로 수를 놓는 모양을 나타낸 글자이다.
- 黽(맹꽁이 맹) 배가 뚱뚱하게 나온 맹꽁이의 모습이다.
- 鼎(솥 정) 왕실에서 제사를 지낼 때 사용하던 커다란 솥의 형상이다.
- 鼓(북 고) 북채로 북을 치고 있는 형상을 나타냈다. '전쟁하다, 이기다, 좋다'란 의미와 관계가 많다.
- 鼠(쥐 서) 이빨로 물건을 잘게 썰어내는 쥐의 입 모양을 강조한 것이다. '쥐'를 표현했다.
- 鼻(코 비) 숨을 쉬는 기관인 코의 모양을 나타냈다.
- 齊(가지런할 제) 곡식이 가지런하게 난 모양이나 제사상에 보기 좋게 진열한 제물의 모양을 나타낸 글자이다. '제사, 돕다'란 뜻을 가진 글자에 자주 사용된다.
- 齒(이 치) 듬성듬성 나 있는 사람의 이를 그린 형상이다.
- 龍(용 룡) 상상의 신성한 동물인 용의 모습을 나타냈다.
- 龜(거북 귀) 거북의 형태를 그린 글자이다.
- 龠(피리 약) 중국 고대 악기의 형상을 나타낸 부수이다. 위의 스삼합 집은 한 곳에 모았다는 표시이고 아래 부분은 피리의 재료인 대나무를 엮은 모양, 그리고 가운데 口입구 세 개는 피리의 구멍을 나타낸 것이다.

도			독	동			
175	239	252	361	49	96	112	113
道 길 도	圖 그림 도	度 헤아릴 도	讀 읽을 독	東 동녘 동	冬 겨울 동	動 움직일 동	同 한가지 동

	두		등				
166	331	372	177	333			
洞 고을 동	童 아이 동	頭 머리 두	登 오를 등	等 무리 등			

락	래	력	례		로		록
290	91	99	217	327	173	361	337
樂 즐거울 락	來 올 래	力 힘 력	例 법식 례	禮 예도 례	老 늙을 로	路 길 로	綠 푸를 록

륙	리			림	립		
20	203	226	285	310	154	184	
六 여섯 륙	里 마을 리	利 이로울 리	李 오얏 리	理 다스릴 리	林 수풀 림	立 설 립	

만	매	면	명			모	목
68	161	209	114	115	276	43	74
萬 일만 만	每 매양 매	面 낯 면	名 이름 명	命 명령할 명	明 밝을 명	母 어머니 모	木 나무 목

	문				물	미	
319	144	116	145	344	172	335	340
目 눈 목	門 문 문	問 물을 문	文 글월 문	聞 들을 문	物 물건 물	米 쌀 미	美 아름다울 미

민							
30							
民 백성 민							

박	반			발	방		백
284	231	232	308	318	146	272	80
朴 성씨 박	半 반 반	反 반대로 반	班 나눌 반	發 필 발	方 모 방	放 놓을 방	白 흰 백

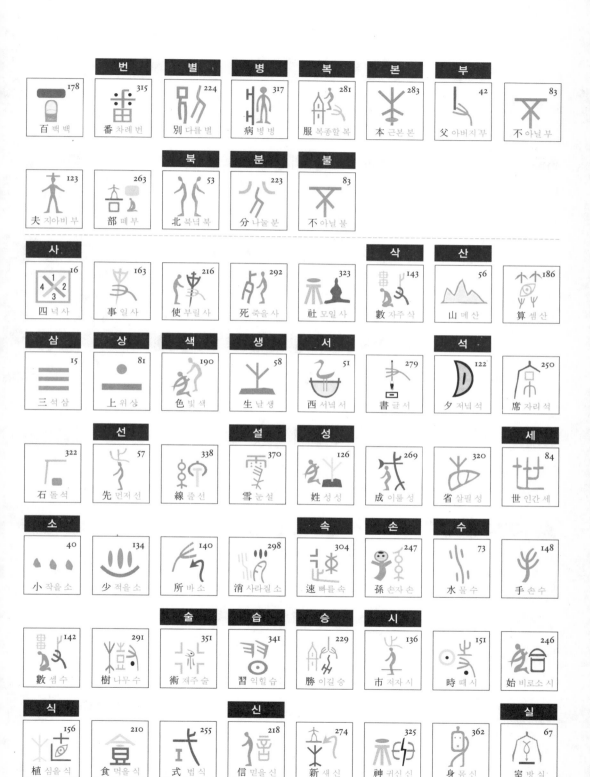

번	별	병	복	본	부	
百 백 백 178	番 차례 번 315	別 다를 별 224	服 복종할 복 281	本 근본 본 283	父 아버지 부 42	不 아닐 부 83

	북	분	불
夫 지아비 부 123	部 떼 부 263	北 북녘 북 53	分 나눌 분 223	不 아닐 불 83

사

四 녁 사 16	事 일 사 163	使 부릴 사 216	死 죽을 사 292	社 모일 사 323	삭	산
					數 자주 삭 143	山 메 산 56	算 셈 산 186

삼	상	색	생	서		석
三 석 삼 15	上 위 상 81	色 빛 색 190	生 날 생 58	西 서녘 서 51	書 글 서 279	夕 저녁 석 122	席 자리 석 250

선	설	성		세
石 돌 석 322	先 먼저 선 57	線 줄 선 338	雪 눈 설 370	姓 성 성 126	成 이룰 성 269	省 살필 성 320	世 인간 세 84

소				속	손	수
小 작을 소 40	少 적을 소 134	所 바 소 140	消 사라질 소 298	速 빠를 속 304	孫 손자 손 247	水 물 수 73	手 손 수 148

		술	습	승	시	
數 셈 수 142	樹 나무 수 291	術 재주 술 351	習 익힐 습 341	勝 이길 승 229	市 저자 시 136	時 때 시 151	始 비로소 시 246

식			신			실
植 심을 식 156	食 먹을 식 210	式 법 식 255	信 믿을 신 218	新 새 신 274	神 귀신 신 325	身 몸 신 362	室 방 실 67

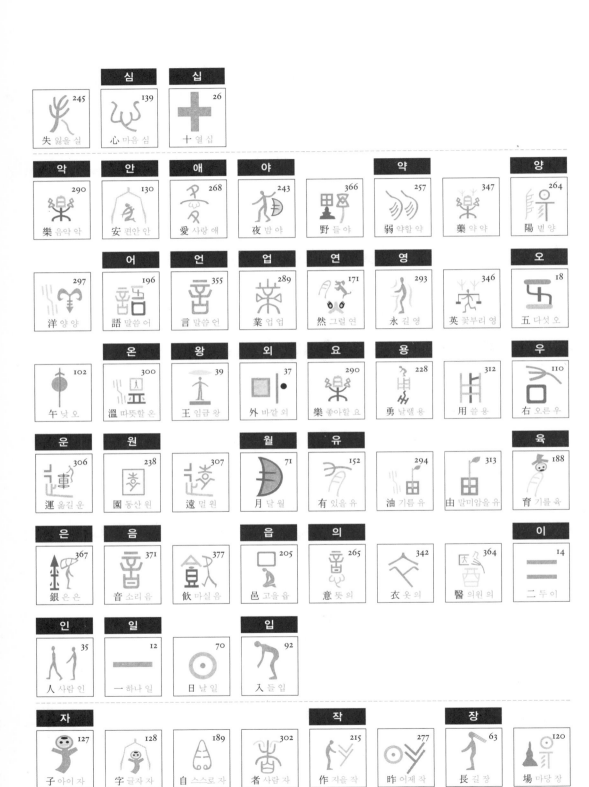

심	십
245 失 잃을 실	139 心 마음 심
26 十 열 십	

악 290 樂 음악 악
안 130 安 편안 안
애 268 愛 사랑 애
야 243 夜 밤 야 / 366 野 들 야
약 257 弱 약할 약 / 347 藥 약 약
양 264 陽 볕 양

어 297 洋 양 양
어 196 語 말씀 어
언 355 言 말씀 언
업 289 業 업 업
연 171 然 그럴 연
영 293 永 길 영 / 346 英 꽃부리 영
오 18 五 다섯 오

온 102 午 낮 오 / 300 溫 따뜻할 온
왕 39 王 임금 왕
외 37 外 바깥 외
요 290 樂 좋아할 요
용 228 勇 날랠 용 / 312 用 쓸 용
우 110 右 오른 우

운 306 運 옮길 운
원 238 園 동산 원 / 307 遠 멀 원
월 71 月 달 월
유 152 有 있을 유 / 294 油 기름 유 / 313 由 말미암을 유
육 188 育 기를 육

은 367 銀 은 은
음 371 音 소리 음 / 377 飲 마실 음
읍 205 邑 고을 읍
의 265 意 뜻 의 / 342 衣 옷 의 / 364 醫 의원 의
이 14 二 두 이

인 35 人 사람 인
일 12 一 하나 일 / 70 日 날 일
입 92 入 들 입

자 127 子 아이 자 / 128 字 글자 자 / 189 自 스스로 자 / 302 者 사람 자
작 215 作 지을 작 / 277 昨 어제 작
장 63 長 길 장 / 120 場 마당 장

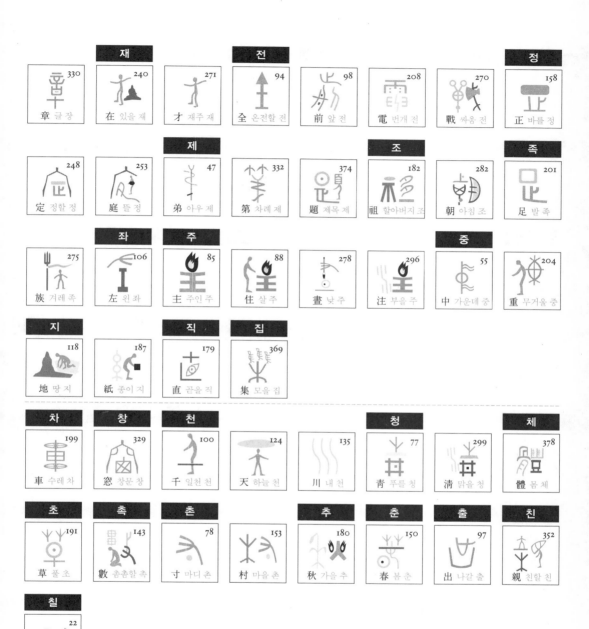

재			전				정
章 글 장 [330]	在 있을 재 [240]	才 재주 재 [271]	全 온전할 전 [94]	前 앞 전 [98]	電 번개 전 [208]	戰 싸움 전 [270]	正 바를 정 [158]

		제			조		족
定 정할 정 [248]	庭 뜰 정 [253]	弟 아우 제 [47]	第 차례 제 [332]	題 제목 제 [374]	祖 할아버지 조 [182]	朝 아침 조 [282]	足 발 족 [201]

	좌	주				중	
族 겨레 족 [275]	左 왼 좌 [106]	主 주인 주 [85]	住 살 주 [88]	晝 낮 주 [278]	注 부을 주 [296]	中 가운데 중 [55]	重 무거울 중 [204]

지		직	집
地 땅 지 [118]	紙 종이 지 [187]	直 곧을 직 [179]	集 모을 집 [369]

차	창	천			청		체
車 수레 차 [199]	窓 창문 창 [329]	千 일천 천 [100]	天 하늘 천 [124]	川 내 천 [135]	靑 푸를 청 [77]	淸 맑을 청 [299]	體 몸 체 [378]

초	촉	촌		추	춘	출	친
草 풀 초 [191]	數 촘촘할 촉 [143]	寸 마디 촌 [78]	村 마을 촌 [153]	秋 가을 추 [180]	春 봄 춘 [150]	出 나갈 출 [97]	親 친할 친 [352]

칠
七 일곱 칠 [22]

탁	태	토	통	특
度 헤아릴 탁 [252]	太 클 태 [244]	土 흙 토 [76]	通 통할 통 [305]	特 특별할 특 [301]

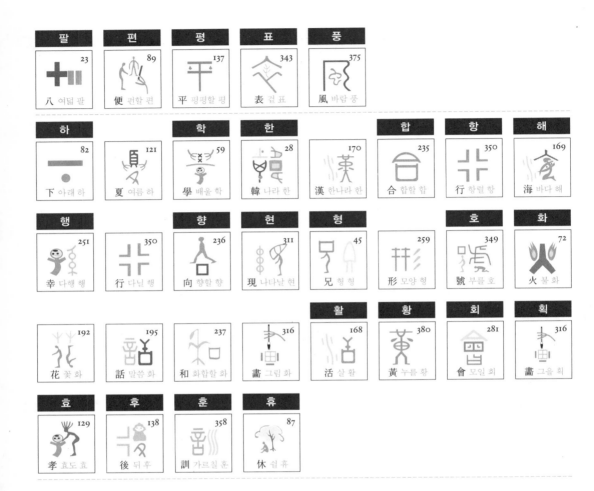

팔	편	평	표	풍
23 八 여덟 팔	89 便 편할 편	137 平 평평할 평	343 表 겉 표	375 風 바람 풍

하	학	한		합	항	해
82 下 아래 하	121 夏 여름 하	59 學 배울 학	28 韓 나라 한 / 170 漢 한나라 한	235 合 합할 합	350 行 항렬 항	169 海 바다 해

행	향	현	형		호	화
251 幸 다행 행 / 350 行 다닐 행	236 向 향할 향	311 現 나타날 현	45 兄 형 형	259 形 모양 형	349 號 부를 호	72 火 불 화

				활	황	회	획
192 花 꽃 화	195 話 말씀 화	237 和 화합할 화	316 畵 그림 화	168 活 살 활	380 黃 누를 황	281 會 모일 회	316 畵 그을 획

효	후	훈	휴
129 孝 효도 효	138 後 뒤 후	358 訓 가르칠 훈	87 休 쉴 휴